Bilingual

VISUAL

dictionary

Bilingual

VISUAL

dictionary

Penguin
Random
House

DK LONDON
Senior Editors Angeles Gavira, Christine Stroyan,
Angela Wilkes
Senior Art Editor Ina Stradins
Jacket Editor Claire Gell
Jacket Design Development Manager Sophia MTT
Preproduction Producer Andy Hilliard
Producer Jude Crozier
Picture Researcher Anna Grapes
Managing Editor Dan Mills
Managing Art Editors Anna Hall, Phil Ormerod
Associate Publisher Liz Wheeler
Publisher Jonathan Metcalf

DK INDIA
Editors Arpita Dasgupta, Shreya Sengupta, Arani Sinha
Assistant Editors Sugandha Agarwal, Priyanjali Narain
DTP Designers Harish Aggarwal, Ashwani Tyagi,
Anita Yadav
Jacket Designer Juhi Sheth
Managing Jacket Editor Saloni Singh
Preproduction Manager Balwant Singh
Production Manager Pankaj Sharma

Designed for DK by WaltonCreative.com
Art Editor Colin Walton, assisted by Tracy Musson
Designers Peter Radcliffe, Earl Neish, Ann Cannings
Picture Research Marissa Keating

Language content for DK by g-and-w PUBLISHING
Managed by Jane Wightwick, assisted by Ana Bremón
Translation and editing by Christine Arthur
Additional input by Dr Arturo Pretel, Martin Prill,
Frédéric Monteil, Meinrad Prill, Mari Bremón,
Oscar Bremón, Anunchi Bremón, Leila Gaafar

First published in Great Britain in 2005
This revised edition published in 2017 by
Dorling Kindersley Limited,
80 Strand, London WC2R 0RL

Copyright © 2005, 2015, 2017 Dorling Kindersley Limited
A Penguin Random House Company

Content first published as
5 Language Visual Dictionary in 2003

2 4 6 8 10 9 7 5 3 1
001 – 306407 – Mar/17

A CIP catalogue record for this
book is available from the British Library.

ISBN: 978-0-2412-9245-7

Printed and bound in China

A WORLD OF IDEAS:
SEE ALL THERE IS TO KNOW

www.dk.com

Inhalt
contents

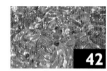

42

die Gesundheit
health

146

auswärts essen
eating out

252

die Freizeit
leisure

deutsch • english

auswärts essen •
eating out

das Lernen • study

die Arbeit • work

der Verkehr •
transport

der Sport • sport

die Freizeit • leisure

die Umwelt •
environment

die Information •
reference

über das Wörterbuch

Bilder helfen erwiesenermaßen, Informationen zu verstehen und zu behalten. Dieses zweisprachige Wörterbuch enthält eine Fülle von Illustrationen und präsentiert gleichzeitig ein umfangreiches aktuelles Vokabular in zwei europäischen Sprachen.

Das Wörterbuch ist thematisch gegliedert und behandelt eingehend die meisten Bereiche des heutigen Alltags, vom Restaurant und Fitnesscenter, Heim und Arbeitsplatz bis zum Tierreich und Weltraum. Es enthält außerdem Wörter und Redewendungen, die für die Unterhaltung nützlich sind und das Vokabular erweitern.

Dies ist ein wichtiges Nachschlagewerk für jeden, der sich für Sprachen interessiert – es ist praktisch, anregend und leicht zu benutzen.

Einige Anmerkungen
Die zwei Sprachen werden immer in der gleichen Reihenfolge aufgeführt – Deutsch und Englisch.

Substantive werden mit den bestimmten Artikeln, die das Geschlecht (Maskulinum, Femininum oder Neutrum) und den Numerus (Singular oder Plural) ausdrücken, angegeben, zum Beispiel:

der Samen   **die Mandeln**
seed   almonds

Die Verben sind durch ein (v) nach dem englischen Wort gekennzeichnet:

ernten • harvest (v)

Am Ende des Buchs befinden sich Register für jede Sprache. Sie können dort ein Wort in einer der zwei Sprachen und die jeweilige Seitenzahl nachsehen.
Die Geschlechtsangabe erfolgt mit folgenden Abkürzungen:

m = Maskulinum
f = Femininum
n = Neutrum

die Benutzung des Buchs

Ganz gleich, ob Sie eine Sprache aus Geschäftsgründen, zum Vergnügen oder als Vorbereitung für einen Auslandsurlaub lernen, oder Ihr Vokabular in einer Ihnen bereits vertrauten Sprache erweitern möchten, dieses Wörterbuch ist ein wertvolles Lernmittel, das Sie auf vielfältige Art und Weise benutzen können.

Wenn Sie eine neue Sprache lernen, achten Sie auf Wörter, die in verschiedenen Sprachen ähnlich sind sowie auf falsche Freunde (Wörter, die ähnlich aussehen aber wesentlich andere Bedeutungen haben). Sie können ebenfalls feststellen, wie die Sprachen einander beeinflusst haben. Englisch hat zum Beispiel viele Ausdrücke für Nahrungsmittel aus anderen europäischen Sprachen übernommen und andererseits viele Begriffe aus der Technik und Popkultur ausgeführt.

Praktische Übungen
• Versuchen Sie sich zu Hause, am Arbeits- oder Studienplatz den Inhalt der Seiten einzuprägen, die Ihre Umgebung behandeln. Schließen Sie dann das Buch und prüfen Sie, wie viele Gegenstände Sie in den anderen Sprachen sagen können.
• Schreiben Sie eine Geschichte, einen Brief oder Dialog und benutzen Sie dabei möglichst viele Ausdrücke von einer bestimmten Seite des Wörterbuchs. Dies ist eine gute Methode, sich das Vokabular und die Schreibweise einzuprägen. Sie können mit kurzen Sätzen von zwei bis drei Worten anfangen und dann nach und nach längere Texte schreiben.
• Wenn Sie ein visuelles Gedächtnis haben, können Sie Gegenstände aus dem Buch abzeichnen oder abpausen. Schließen Sie dann das Buch und schreiben Sie die passenden Wörter unter die Bilder.
• Wenn Sie mehr Sicherheit haben, können Sie Wörter aus einem der Fremdsprachenregister aussuchen und deren Bedeutung aufschreiben, bevor Sie auf der entsprechenden Seite nachsehen.

Kostenlose Audio-App

Die Audio-App enthält alle Begriffe und Redewendungen aus dem Buch, gesprochen von deutschen und englischen Muttersprachlern. Das Anhören der Wörter erleichtert das Lernen von wichtigen Vokabeln und das Verbessern Ihrer eigenen Aussprache.

FREE AUDIO APP

So funktioniert die Audio-App

• Laden Sie sich die kostenlose App auf Ihr Smartphone oder Tablet vom App-Store Ihres Betriebssystems.
• Öffnen Sie die App und schalten Sie sich die Inhalte Ihres Visuellen Wörterbuchs frei.
• Laden Sie sich die Audio-Daten für Ihr Buch herunter.
• Geben Sie eine Seitenzahl ein, scrollen Sie anschließend in der Wörterliste nach oben oder unten, um einen Begriff oder eine Redewendung zu finden.
• Tippen Sie auf ein Wort, um es sich anzuhören.
• Wischen Sie nach links oder rechts, um sich die vorige oder nächste Seite anzusehen.

about the dictionary

The use of pictures is proven to aid understanding and the retention of information. Working on this principle, this highly-illustrated bilingual dictionary presents a large range of useful current vocabulary in two European languages.

The dictionary is divided thematically and covers most aspects of the everyday world in detail, from the restaurant to the gym, the home to the workplace, outer space to the animal kingdom. You will also find additional words and phrases for conversational use and for extending your vocabulary.

This is an essential reference tool for anyone interested in languages – practical, stimulating, and easy-to-use.

A few things to note

The two languages are always presented in the same order – German and English.

In German, nouns are given with their definite articles reflecting the gender (masculine, feminine or neuter) and number (singular or plural), for example:

der Samen   **die Mandeln**
seed   almonds

Verbs are indicated by a (v) after the English, for example:

ernten • harvest (v)

Each language also has its own index at the back of the book. Here you can look up a word in either of the two languages and be referred to the page number(s) where it appears. The gender is shown using the following abbreviations:

m = masculine
f = feminine
n = neuter

how to use this book

Whether you are learning a new language for business, pleasure, or in preparation for a holiday abroad, or are hoping to extend your vocabulary in an already familiar language, this dictionary is a valuable learning tool which you can use in a number of different ways.

When learning a new language, look out for cognates (words that are alike in different languages) and false friends (words that look alike but carry significantly different meanings). You can also see where the languages have influenced each other. For example, English has imported many terms for food from other European languages but, in turn, exported terms used in technology and popular culture.

Practical learning activities

• As you move about your home, workplace, or college, try looking at the pages which cover that setting. You could then close the book, look around you and see how many of the objects and features you can name.
• Challenge yourself to write a story, letter, or dialogue using as many of the terms on a particular page as possible. This will help you retain the vocabulary and remember the spelling. If you want to build up to writing a longer text, start with sentences incorporating 2–3 words.
• If you have a very visual memory, try drawing or tracing items from the book onto a piece of paper, then close the book and fill in the words below the picture.
• Once you are more confident, pick out words in a foreign-language index and see if you know what they mean before turning to the relevant page to check if you were right.

free audio app

The audio app contains all the words and phrases in the book, spoken by native speakers in both German and English, making it easier to learn important vocabulary and improve your pronunciation.

how to use the audio app

• Download the free app on your smartphone or tablet from your chosen app store.
• Open the app and unlock your *Visual Dictionary* in the Library.
• Download the audio files for your book.
• Enter a page number, then scroll up and down through the list to find a word or phrase.
• Tap a word to hear it.
• Swipe left or right to view the previous or next page.

die Menschen
people

der Körper • body

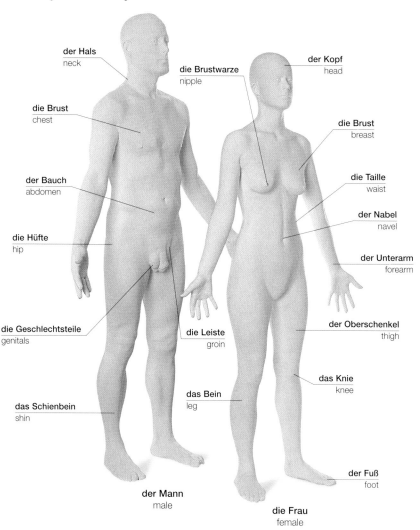

der Hals
neck

die Brustwarze
nipple

der Kopf
head

die Brust
chest

die Brust
breast

der Bauch
abdomen

die Taille
waist

der Nabel
navel

die Hüfte
hip

der Unterarm
forearm

die Geschlechtsteile
genitals

die Leiste
groin

der Oberschenkel
thigh

das Knie
knee

das Bein
leg

das Schienbein
shin

der Fuß
foot

der Mann
male

die Frau
female

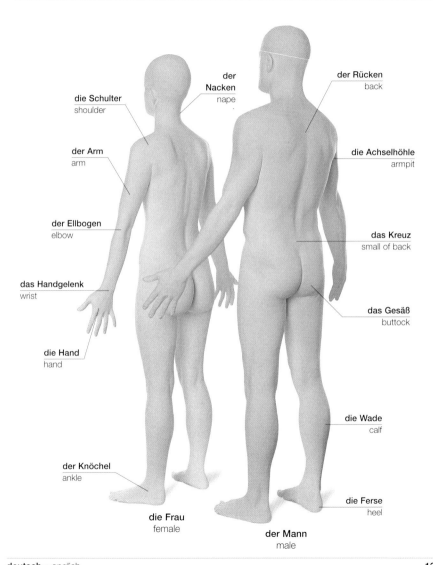

die Schulter
shoulder

der
Nacken
nape

der Rücken
back

der Arm
arm

die Achselhöhle
armpit

der Ellbogen
elbow

das Kreuz
small of back

das Handgelenk
wrist

das Gesäß
buttock

die Hand
hand

die Wade
calf

der Knöchel
ankle

die Ferse
heel

die Frau
female

der Mann
male

das Gesicht • face

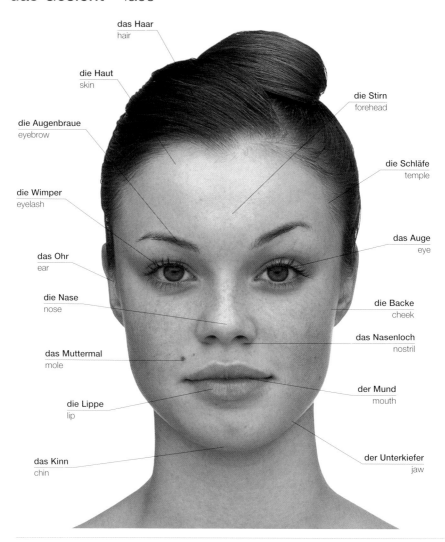

das Haar
hair

die Haut
skin

die Augenbraue
eyebrow

die Wimper
eyelash

das Ohr
ear

die Nase
nose

das Muttermal
mole

die Lippe
lip

das Kinn
chin

die Stirn
forehead

die Schläfe
temple

das Auge
eye

die Backe
cheek

das Nasenloch
nostril

der Mund
mouth

der Unterkiefer
jaw

die Falte
wrinkle

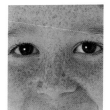
die Sommersprosse
freckle

die Pore
pore

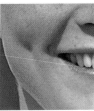
das Grübchen
dimple

die Hand • hand

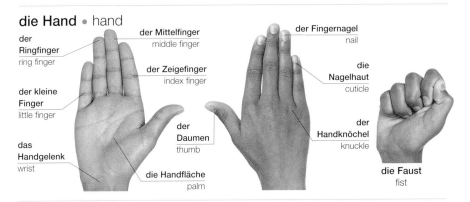

der
Ringfinger
ring finger

der **Mittelfinger**
middle finger

der **Zeigefinger**
index finger

der **Fingernagel**
nail

die
Nagelhaut
cuticle

der kleine
Finger
little finger

das
Handgelenk
wrist

der
Daumen
thumb

der
Handknöchel
knuckle

die **Handfläche**
palm

die Faust
fist

der Fuß • foot

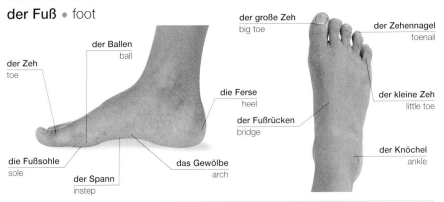

der **Ballen**
ball

der **große Zeh**
big toe

der **Zehennagel**
toenail

der **Zeh**
toe

die **Ferse**
heel

der kleine **Zeh**
little toe

der **Fußrücken**
bridge

die Fußsohle
sole

der **Spann**
instep

das **Gewölbe**
arch

der **Knöchel**
ankle

die Muskeln • muscles

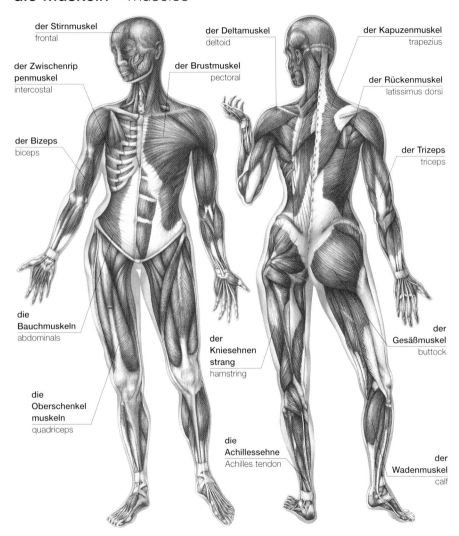

der Stirnmuskel
frontal

der Zwischenrip
penmuskel
intercostal

der Bizeps
biceps

die
Bauchmuskeln
abdominals

die
Oberschenkel
muskeln
quadriceps

der Deltamuskel
deltoid

der Brustmuskel
pectoral

der
Kniesehnen
strang
hamstring

die
Achillessehne
Achilles tendon

der Kapuzenmuskel
trapezius

der Rückenmuskel
latissimus dorsi

der Trizeps
triceps

der
Gesäßmuskel
buttock

der
Wadenmuskel
calf

deutsch • english

das Skelett • skeleton

das Schlüsselbein
collarbone

der Schädel
skull

das Schulterblatt
shoulder blade

der Kieferknochen
jaw

das Brustbein
breastbone

der
Oberarmknochen
humerus

die Rippe
rib

der Brustkorb
rib cage

die Elle
ulna

der Mittelhand
knochen
metacarpal

die Speiche
radius

das Becken
pelvis

der
Oberschenkelknochen
femur

die Kniescheibe
kneecap

das Wadenbein
fibula

das Schienbein
tibia

der
Mittelfußknochen
metatarsal

die Halswirbel
cervical vertebrae

die Brustwirbel
thoracic vertebrae

die Lendenwirbel
lumbar vertebrae

das Steißbein
tailbone

die Wirbelsäule
spine

das Gelenk • joint

der Knorpel
cartilage

das
Sehnenband
ligament

der Knochen
bone

die Sehne
tendon

die inneren Organe • internal organs

die Schilddrüse
thyroid gland

die Leber
liver

die Luftröhre
windpipe

der
Zwölffingerdarm
duodenum

die Lunge
lung

die Niere
kidney

das Herz
heart

der Magen
stomach

die
Bauchspeichel-
drüse
pancreas

der Dünndarm
small intestine

die Milz
spleen

der
Dickdarm
large intestine

der Blinddarm
appendix

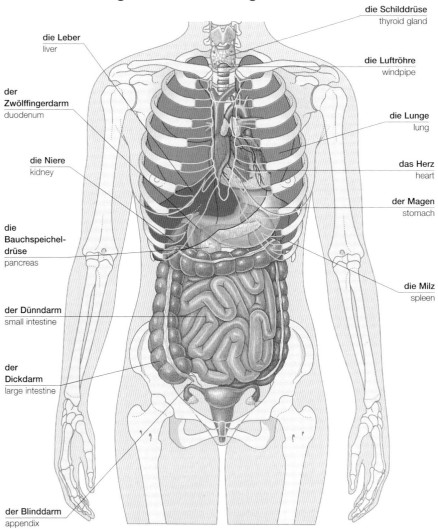

der Kopf • head

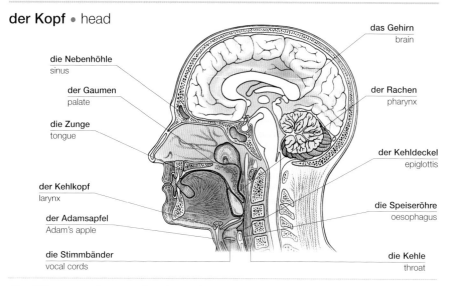

das Gehirn
brain

die Nebenhöhle
sinus

der Gaumen
palate

die Zunge
tongue

der Rachen
pharynx

der Kehldeckel
epiglottis

der Kehlkopf
larynx

der Adamsapfel
Adam's apple

die Speiseröhre
oesophagus

die Stimmbänder
vocal cords

die Kehle
throat

die Körpersysteme • body systems

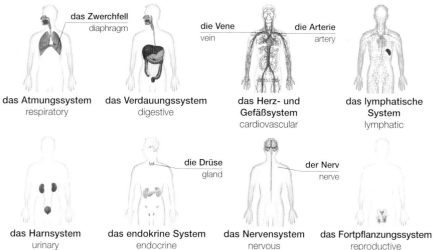

das Zwerchfell
diaphragm

die Vene
vein

die Arterie
artery

das Atmungssystem
respiratory

das Verdauungssystem
digestive

das Herz- und Gefäßsystem
cardiovascular

das lymphatische System
lymphatic

die Drüse
gland

der Nerv
nerve

das Harnsystem
urinary

das endokrine System
endocrine

das Nervensystem
nervous

das Fortpflanzungssystem
reproductive

die Fortpflanzungsorgane • reproductive organs

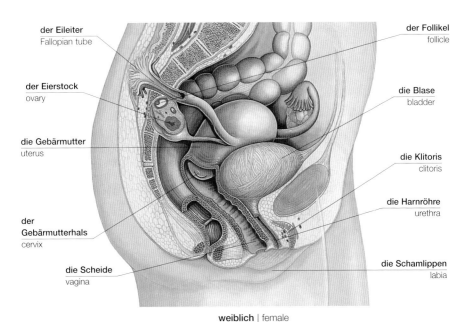

der Eileiter
Fallopian tube

der Eierstock
ovary

die Gebärmutter
uterus

der
Gebärmutterhals
cervix

die Scheide
vagina

der Follikel
follicle

die Blase
bladder

die Klitoris
clitoris

die Harnröhre
urethra

die Schamlippen
labia

weiblich | female

die Fortpflanzung • reproduction

das Spermium
sperm

das Ei
egg

die Befruchtung | fertilization

Vokabular • vocabulary

steril infertile	**impotent** impotent	**die Menstruation** menstruation
fruchtbar fertile	**empfangen** conceive	**der Geschlechtsverkehr** intercourse
das Hormon hormone	**der Eisprung** ovulation	**die Geschlechtskrankheit** sexually transmitted disease

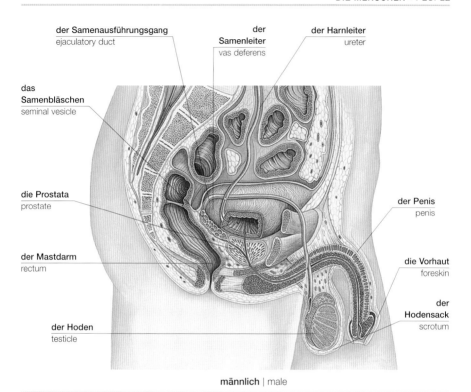

der Samenausführungsgang
ejaculatory duct

der
Samenleiter
vas deferens

der Harnleiter
ureter

das
Samenbläschen
seminal vesicle

die Prostata
prostate

der Penis
penis

der Mastdarm
rectum

die Vorhaut
foreskin

der
Hodensack
scrotum

der Hoden
testicle

männlich | male

die Empfängnisverhütung • contraception

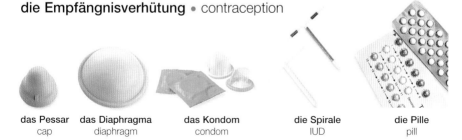

das Pessar
cap

das Diaphragma
diaphragm

das Kondom
condom

die Spirale
IUD

die Pille
pill

die Familie • family

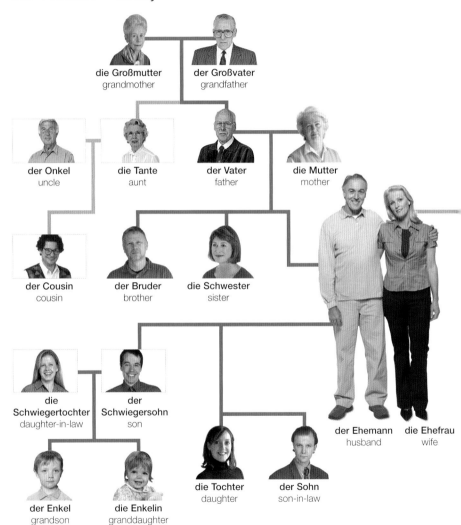

die Großmutter
grandmother

der Großvater
grandfather

der Onkel
uncle

die Tante
aunt

der Vater
father

die Mutter
mother

der Cousin
cousin

der Bruder
brother

die Schwester
sister

die Schwiegertochter
daughter-in-law

der Schwiegersohn
son

der Ehemann
husband

die Ehefrau
wife

der Enkel
grandson

die Enkelin
granddaughter

die Tochter
daughter

der Sohn
son-in-law

Vokabular • vocabulary

die Großeltern grandparents	die Verwandten relatives	die Enkelkinder grandchildren	die Stiefmutter stepmother	die Stieftochter stepdaughter	die Generation generation
die Eltern parents	die Kinder children	der Stiefvater stepfather	der Stiefsohn stepson	der Partner/die Partnerin partner	die Zwillinge twins

die Schwiegermutter
mother-in-law

der Schwiegervater
father-in-law

der Schwager
brother-in-law

die Schwägerin
sister-in-law

die Nichte
niece

der Neffe
nephew

Frau
Mrs

die Anreden •
titles

Herr
Mr

Fräulein
Miss/Ms

die Stadien • stages

das Baby
baby

das Kind
child

der Junge
boy

das Mädchen
girl

die Jugendliche
teenager

der Erwachsene
adult

der Mann
man

die Frau
woman

die Beziehungen • relationships

die
Assistentin
assistant

der **Chef**
manager

die
Geschäftspartnerin
business partner

der
Arbeitnehmer
employee

die
Arbeitgeberin
employer

der
Kollege
colleague

das Büro | office

die Nachbarin
neighbour

der Freund
friend

der Bekannte
acquaintance

der Brieffreund
penfriend

der Freund
boyfriend

die Freundin
girlfriend

der Verlobte
fiancé

die Verlobte
fiancée

das Paar | couple

die Verlobten | engaged couple

die Gefühle • emotions

das Lächeln
smile

glücklich
happy

traurig
sad

begeistert
excited

gelangweilt
bored

überrascht
surprised

erschrocken
scared

das
Stirnrunzeln
frown

verärgert
angry

verwirrt
confused

besorgt
worried

nervös
nervous

stolz
proud

selbstsicher
confident

verlegen
embarrassed

schüchtern
shy

Vokabular • vocabulary			
aufgebracht upset	**schreien** shout (v)	**lachen** laugh (v)	**seufzen** sigh (v)
schockiert shocked	**gähnen** yawn (v)	**weinen** cry (v)	**in Ohnmacht fallen** faint (v)

die Ereignisse des Lebens • life events

geboren werden
be born (v)

zur Schule kommen
start school (v)

sich anfreunden
make friends (v)

graduieren
graduate (v)

eine Stelle bekommen
get a job (v)

sich verlieben
fall in love (v)

heiraten
get married (v)

ein Baby bekommen
have a baby (v)

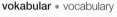
die Hochzeit | wedding

die Scheidung
divorce

das Begräbnis
funeral

vokabular • vocabulary

die Taufe
christening

die Bar-Mizwa
bar mitzvah

der Hochzeitstag
anniversary

in den Ruhestand treten
retire (v)

sein Testament machen
make a will (v)

emigrieren
emigrate (v)

sterben
die (v)

die Hochzeitsfeier
wedding reception

die Hochzeitsreise
honeymoon

die Geburtsurkunde
birth certificate

die Feiern • celebrations

die
Geburtstagsfeier
birthday party

die Karte
card

der Geburtstag
birthday

das Geschenk
present

das Weihnachten
Christmas

die Feste •
festivals

das Passah
Passover

das Neujahr
New Year

der Karneval
carnival

der Umzug
procession

der Ramadan
Ramadan

das Band
ribbon

das Erntedankfest
Thanksgiving

das Ostern
Easter

das Halloween
Halloween

das Diwali
Diwali

die äußere Erscheinung
appearance

die Kinderkleidung • children's clothing

das Baby • baby

der Schneeanzug
snowsuit

das
Hemdchen
vest

der
Druckknopf
popper

der
Strampelanzug
babygro

der Schlafanzug
sleepsuit

der Spielanzug
romper suit

das Lätzchen
bib

die
Babyhandschuhe
mittens

die
Babyschuhe
booties

die
Stoffwindel
terry nappy

die
Wegwerfwindel
disposable nappy

das
Gummihöschen
plastic pants

das Kleinkind • toddler

der Sonnenhut
sunhat

die Latzhose
dungarees

das T-Shirt
T-shirt

die Shorts
shorts

der Rock
skirt

die Schürze
apron

das Kind • child

das Kleid
dress

die Kapuze
hood

die Jeans
jeans

der Rucksack
backpack

der Schal
scarf

der Kne-
belknopf
toggle

der
Anorak
anorak

die
Sandalen
sandals

die
Gummistiefel
wellington
boots

der Sommer
summer

der Regenmantel
raincoat

der Herbst
autumn

der Dufflecoat
duffel coat

der Winter
winter

der Morgenrock
dressing gown

das Logo
logo

die
Sportschuhe
trainers

das Nachthemd
nightie

die Hausschuhe
slippers

die Nachtwäsche
nightwear

der Fußballdress
football strip

der Trainingsanzug
tracksuit

die Leggings
leggings

Vokabular • vocabulary

die Naturfaser
natural fibre

synthetisch
synthetic

Ist es waschmaschinenfest?
Is it machine washable?

Passt das einem
Zweijährigen?
Will this fit a two-year-old?

die Herrenkleidung • men's clothing

der Kragen
collar

die Krawatte
tie

der Gürtel
belt

das Revers
lapel

das Knopfloch
buttonhole

die Manschette
cuff

die
Tasche
pocket

die Jacke
jacket

die Hose
trousers

der Knopf
button

der Anzug
business suit

der Regenmantel
raincoat

das Futter
lining

die Leder
schuhe
leather
shoes

Vokabular • vocabulary

die Strickjacke cardigan	**die Unterwäsche** underwear	**der Trainingsanzug** tracksuit
der Bademantel dressing gown	**der Mantel** coat	**lang** **kurz** long short

Haben Sie das eine Nummer größer/kleiner?
Do you have this in a larger/smaller size?

Kann ich das anprobieren?
May I try this on?

der V-Ausschnitt
V-neck

der runde
Ausschnitt
round neck

der Blazer
blazer

das Sportjackett
sports jacket

die Weste
waistcoat

das T-Shirt
T-shirt

der Anorak
anorak

das Sweatshirt
sweatshirt

das Hemd
shirt

die Jeans
jeans

der Pullover
sweater

der Schlafanzug
pyjamas

das Unterhemd
vest

die Freizeitkleidung
casual wear

die Shorts
shorts

der Slip
briefs

die Boxershorts
boxer shorts

die Socken
socks

die Damenkleidung • women's clothing

die Jacke
jacket

die Naht
seam

der Ärmel
sleeve

knöchellang
ankle length

der Rock
skirt

knielang
knee-length

der Saum
hem

die Schuhe
shoes

formell
formal

trägerlos
strapless

ärmellos
sleeveless

das Abendkleid
evening dress

das Kleid
dress

die Bluse
blouse

die Hose
trousers

leger
casual

die Unterwäsche • lingerie

der Morgenmantel
dressing gown

der Unterrock
slip

der Träger
strap

das Mieder
camisole

das Bustier
basque

der Strumpfhalter
suspenders

der Strumpf
stocking

die Strumpfhose
tights

der Büstenhalter
bra

der Slip
knickers

das Nachthemd
nightdress

die Hochzeit • wedding

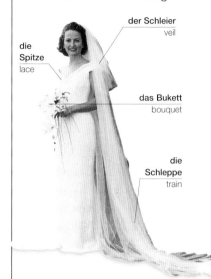

der Schleier
veil

die Spitze
lace

das Bukett
bouquet

die Schleppe
train

das Hochzeitskleid
wedding dress

Vokabular • vocabulary	
das Korsett corset	**gut geschnitten** tailored
rückenfrei halter neck	**das Strumpfband** garter
der Rockbund waistband	**der Sport-BH** sports bra
das Schulterpolster shoulder pad	**mit Formbügeln** underwired

die Accessoires • accessories

die
Gürtelschnalle
buckle

der Griff
handle

die Mütze
cap

der Hut
hat

das Halstuch
scarf

der Gürtel
belt

die Spitze
tip

das Taschentuch
handkerchief

die Fliege
bow tie

die
Krawattennadel
tie-pin

die Handschuhe
gloves

der Regenschirm
umbrella

der Schmuck • jewellery

die Perlenkette
string of pearls

der Anhänger
pendant

die Brosche
brooch

der Manschettenknopf
cuff links

das Glied
link

der Verschluß
clasp

der Ohrring
earrings

der Ring
ring

der Edelstein
stone

die Halskette
necklace

die Uhr
watch

das Armband
bracelet

die Kette
chain

der Schmuckkasten | jewellery box

die Taschen • bags

der Verschluss
fastening

der
Schulterriemen
shoulder strap

die Griffe
handles

die Brieftasche
wallet

**das
Portemonnaie**
purse

**die
Umhängetasche**
shoulder bag

die Reisetasche
holdall

die Aktentasche
briefcase

die Handtasche
handbag

der Rucksack
backpack

die Schuhe • shoes

der Schnürsenkel
lace

die Zunge
tongue

die Öse
eyelet

die Sohle
sole

der Schnürschuh
lace-up

der Absatz
heel

der Stiefel
boot

**die
Strandsandale**
flip-flop

**der
Herrenhalbschuh**
brogue

der Wanderschuh
walking boot

der Sportschuh
trainer

**der Schuh mit
hohem Absatz**
high-heeled shoe

der Keilschuh
wedge

die Sandale
sandal

der Slipper
slip-on

der Pumps
pump

das Haar • hair

der Kamm
comb

kämmen
comb (v)

die
Haarbürste
brush

bürsten | brush (v)

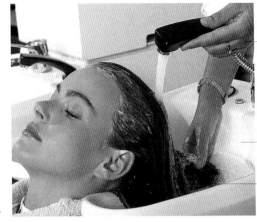

die Friseurin
hairdresser

das
Waschbecken
sink

die Kundin
client

ausspülen
rinse (v)

waschen | wash (v)
der
Frisierumhang
robe

schneiden
cut (v)

föhnen
blow dry (v)

legen
set (v)

die Frisierartikel • accessories

der Föhn
hairdryer

der
Lockenstab
curling tongs

das Shampoo
shampoo

die Schere
scissors

die Haarspülung
conditioner

der Haarreif
hairband

das Haargel
gel

der Haarglätter
hair straighteners

das Haarspray
hairspray

die Haarklammer
hairpin

die Frisuren • styles

der Pferdeschwanz
ponytail

der Zopf
plait

die Hochfrisur
French pleat

der Haarknoten
bun

die Schwänzchen
pigtails

der Bubikopf
bob

der Kurzhaarschnitt
crop

lockig
curly

die Dauerwelle
perm

glatt
straight

die Wurzeln
roots

die Strähnen
highlights

kahl
bald

die Perücke
wig

Vokabular • vocabulary

das Haarband hairtie	**fettig** greasy
nachschneiden trim (v)	**trocken** dry
der Herrenfriseur barber	**normal** normal
die Schuppen dandruff	**die Kopfhaut** scalp
der Haarspliss split ends	**glätten** straighten (v)

die Haarfarben • colours

blond
blonde

brünett
brunette

rotbraun
auburn

rot
ginger

schwarz
black

grau
grey

weiß
white

gefärbt
dyed

die Schönheit • beauty

das Haarfärbemittel
hair dye

der Lidschatten
eye shadow

die
Wimperntusche
mascara

der Eyeliner
eyeliner

das Puderrouge
blusher

die Grundierung
foundation

der Lippenstift
lipstick

das Make-up • make-up

der Augenbrauenstift
eyebrow pencil

das Brauenbürstchen
eyebrow brush

die Pinzette
tweezers

das Lipgloss
lip gloss

der Lippenpinsel
lip brush

der Lippenkonturenstift
lip liner

der Puderpinsel
brush

der Korrekturstift
concealer

der Spiegel
mirror

der Gesichtspuder
face powder

die Puderquaste
powder puff

die Puderdose | compact

die Schönheitsbehandlungen •
beauty treatments

die
Gesichtsmaske
face pack

die Sonnenbank
sunbed

die
Gesichtsbehandlung
facial

Peeling machen
exfoliate (v)

die Enthaarung
wax

die Pediküre
pedicure

die Toilettenartikel • toiletries

der Reiniger
cleanser

das Gesichts-
wasser
toner

die Feuchtig-
keitscreme
moisturizer

die Selbst-
bräunungscreme
self-tanning cream

das
Parfum
perfume

das Eau de
Toilette
eau de toilette

die Maniküre • manicure

der Nagellackentferner
nail varnish remover

die Nagelfeile
nail file

der Nagellack
nail varnish

die
Nagelschere
nail scissors

der
Nagelknipser
nail clippers

Vokabular • vocabulary		
die Sonnenbräune tan	empfindlich sensitive	hell fair
die Tätowierung tattoo	der Farbton shade	dunkel dark
die Wattebällchen cotton balls	Antifalten- antiwrinkle	trocken dry
hypoallergen hypoallergenic	der Teint complexion	fettig oily

die Gesundheit
health

die Krankheit • illness

das Fieber | fever

**der Inhalations
apparat**
inhaler

**die
Kopfschmerzen**
headache

**das
Nasenbluten**
nosebleed

**der
Husten**
cough

das Niesen
sneeze

die Erkältung
cold

die Grippe
flu

das Asthma
asthma

die Krämpfe
cramps

die Übelkeit
nausea

die Windpocken
chickenpox

der Hautausschlag
rash

Vokabular • vocabulary

der Herzinfarkt heart attack	**die Allergie** allergy	**das Ekzem** eczema	**die Verkühlung** chill	**die Epilepsie** epilepsy	**der Durchfall** diarrhoea
der Blutdruck blood pressure	**der Mumps** mumps	**der Virus** virus	**die Migräne** migraine	**sich übergeben** vomit (v)	**die Masern** measles
der Schlaganfall stroke	**die Zuckerkrankheit** diabetes	**die Infektion** infection	**die Magenschmerzen** stomach ache	**in Ohnmacht fallen** faint (v)	**der Heuschnupfen** hay fever

der Arzt • doctor
die Konsultation • consultation

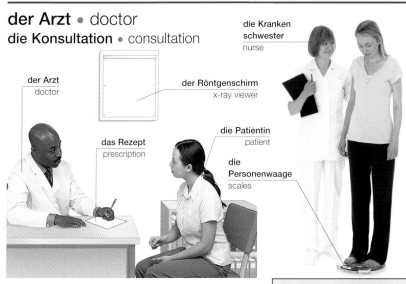

die Kranken
schwester
nurse

der Arzt
doctor

der Röntgenschirm
x-ray viewer

das Rezept
prescription

die Patientin
patient

die
Personenwaage
scales

die
Luftmanschette
cuff

das elektrische
Blutdruckmessgerät
electric blood pressure
monitor

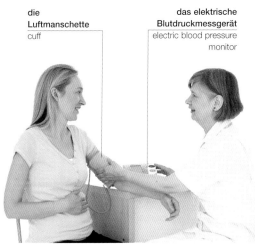

Vokabular • vocabulary

der Termin appointment	die Impfung inoculation
das Sprechzimmer surgery	die Untersuchung medical examination
der Warteraum waiting room	das Thermometer thermometer

Ich muss mit einem Arzt
sprechen.
I need to see a doctor.

Es tut hier weh.
It hurts here.

die Verletzung • injury

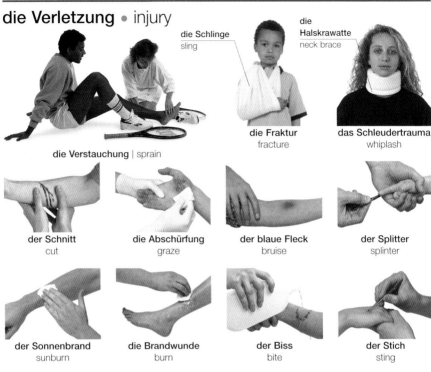

die Schlinge
sling

die
Halskrawatte
neck brace

die Fraktur
fracture

das Schleudertrauma
whiplash

die Verstauchung | sprain

der Schnitt
cut

die Abschürfung
graze

der blaue Fleck
bruise

der Splitter
splinter

der Sonnenbrand
sunburn

die Brandwunde
burn

der Biss
bite

der Stich
sting

Vokabular • vocabulary

der Unfall accident	**die Blutung** haemorrhage	**die Kopfverletzung** head injury	**Wird er/sie es gut überstehen?** Will he/she be all right?
der Notfall emergency	**die Blase** blister	**die Vergiftung** poisoning	**Rufen Sie bitte einen Krankenwagen.** Please call an ambulance.
die Wunde wound	**der elektrische Schlag** electric shock	**die Gehirnerschütterung** concussion	**Wo haben Sie Schmerzen?** Where does it hurt?

die erste Hilfe • first aid

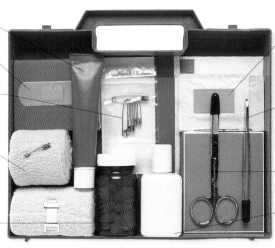

die Salbe
ointment

das Pflaster
plaster

die Sicherheitsnadel
safety pin

die Bandage
bandage

die Schmerz tabletten
painkillers

das Desinfektionstuch
antiseptic wipe

die Pinzette
tweezers

die Schere
scissors

das Antiseptikum
antiseptic

der Erste-Hilfe-Kasten | first-aid box

die Gaze
gauze

der Verband
dressing

die Schiene | splint

das Leukoplast
adhesive tape

die Wiederbelebung
resuscitation

Vokabular • vocabulary

der Schock shock	**der Puls** pulse	**ersticken** choke (v)	**Können Sie mir helfen?** Can you help?
bewusstlos unconscious	**die Atmung** breathing	**steril** sterile	**Beherrschen Sie die Erste Hilfe?** Do you know first aid?

das Krankenhaus • hospital

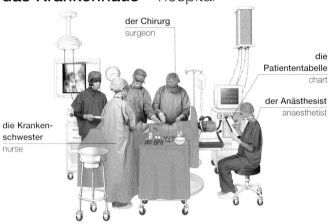

der Chirurg
surgeon

die Kranken-
schwester
nurse

der Operationssaal
operating theatre

die Blutuntersuchung
blood test

die
Patiententabelle
chart

der Anästhesist
anaesthetist

die Spritze
injection

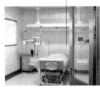
die Notaufnahme
emergency room

die
fahrbare Liege
trolley

die
Krankenhausstation
ward

der Rufknopf
call button

der Rollstuhl
wheelchair

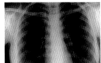
die Röntgenaufnahme
x-ray

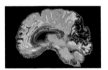
der CT-Scan
scan

Vokabular • vocabulary

die Operation operation	**entlassen** discharged	**die Besuchszeiten** visiting hours	**die Entbindungsstation** maternity ward	**die Intensivstation** intensive care unit
aufgenommen admitted	**die Klinik** clinic	**die Kinderstation** children's ward	**das Privatzimmer** private room	**der ambulante Patient** outpatient

die Abteilungen • departments

die HNO-Abteilung
ENT

die Kardiologie
cardiology

die Orthopädie
orthopaedics

die Gynäkologie
gynaecology

die Physiotherapie
physiotherapy

die Dermatologie
dermatology

die Pädiatrie
paediatrics

die Radiologie
radiology

die Chirurgie
surgery

die Entbindungsstation
maternity

die Psychiatrie
psychiatry

die Ophthalmologie
ophthalmology

Vokabular • vocabulary

die Neurologie neurology	**die Urologie** urology	**die plastische Chirurgie** plastic surgery	**die Pathologie** pathology	**das Ergebnis** result
die Onkologie oncology	**die Endokrinologie** endocrinology	**die Überweisung** referral	**die Untersuchung** test	**der Facharzt** consultant

der Zahnarzt • dentist

der Zahn • tooth

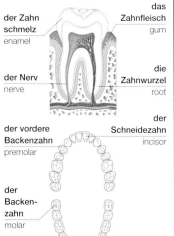

der Zahn schmelz
enamel

das Zahnfleisch
gum

der Nerv
nerve

die Zahnwurzel
root

der vordere Backenzahn
premolar

der Schneidezahn
incisor

der Backen-zahn
molar

der Eckzahn
canine

der Check-up • checkup

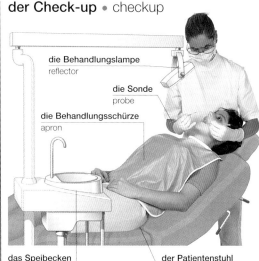

die Behandlungslampe
reflector

die Sonde
probe

die Behandlungsschürze
apron

das Speibecken
basin

der Patientenstuhl
dentist's chair

Vokabular • vocabulary

der Zahnbelag plaque	der Bohrer drill
die Karies decay	die Zahnseide dental floss
die Zahnfüllung filling	die Extraktion extraction
die Zahnschmerzen toothache	die Krone crown

mit Zahnseide reinigen
floss (v)

bürsten
brush (v)

die Zahnspange
braces

die Röntgen-aufnahme
dental x-ray

das Röntgenbild
x-ray film

die Zahnprothese
dentures

---

der Augenoptiker • optician

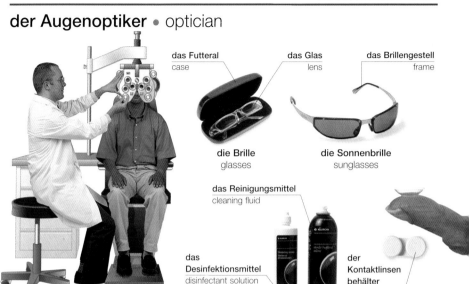

das Futteral
case

das Glas
lens

das Brillengestell
frame

die Brille
glasses

die Sonnenbrille
sunglasses

das Reinigungsmittel
cleaning fluid

das
Desinfektionsmittel
disinfectant solution

der
Kontaktlinsen
behälter
lens case

der Sehtest | eye test

die Kontaktlinsen | contact lenses

das Auge • eye

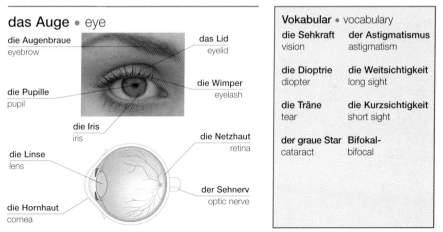

die Augenbraue
eyebrow

das Lid
eyelid

die Wimper
eyelash

die Pupille
pupil

die Iris
iris

die Netzhaut
retina

die Linse
lens

der Sehnerv
optic nerve

die Hornhaut
cornea

Vokabular • vocabulary	
die Sehkraft vision	der Astigmatismus astigmatism
die Dioptrie diopter	die Weitsichtigkeit long sight
die Träne tear	die Kurzsichtigkeit short sight
der graue Star cataract	Bifokal- bifocal

die Schwangerschaft • pregnancy

der Schwangerschaftstest
pregnancy test

die Plazenta
placenta

die
Nabelschnur
umbilical cord

der
Gebärmutterhals
cervix

die Ultraschallaufnahme
scan

die
Gebärmutter
uterus

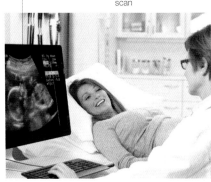

der Ultraschall | ultrasound

der Fetus | foetus

Vokabular • vocabulary

der Eisprung ovulation	**vorgeburtlich** antenatal	**das Fruchtwasser** amniotic fluid	**die Erweiterung** dilation	**die Naht** stitches	**die Steißgeburt** breech birth
schwanger pregnant	**der Embryo** embryo	**die Amniozentese** amniocentesis	**der Kaiserschnitt** caesarean section	**die Geburt** birth	**vorzeitig** premature
die Empfängnis conception	**die Gebärmutter** womb	**das Fruchtwasser geht ab** break waters (v)	**die Periduralanästhesie** epidural	**die Entbindung** delivery	**der Gynäkologe** gynaecologist
schwanger expectant	**das Trimester** trimester	**die Wehe** contraction	**der Dammschnitt** episiotomy	**die Fehlgeburt** miscarriage	**der Geburtshelfer** obstetrician

---

die Geburt • childbirth

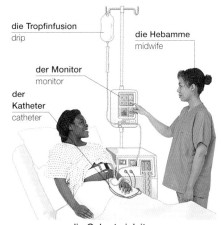

die Tropfinfusion
drip

die Hebamme
midwife

der Monitor
monitor

der Katheter
catheter

die Geburt einleiten
induce labour (v)

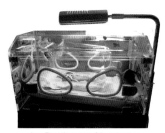

der Brutkasten | incubator

das Geburtsgewicht
birth weight

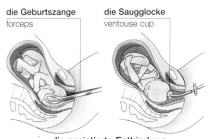

die Geburtszange
forceps

die Sauglocke
ventouse cup

die assistierte Entbindung
assisted delivery

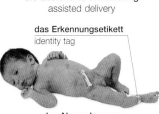

das Erkennungsetikett
identity tag

das Neugeborene
newborn baby

das Stillen • nursing

die Brustpumpe
breast pump

der Stillbüstenhalter
nursing bra

stillen
breastfeed (v)

die Einlagen
pads

die Alternativtherapien • alternative therapy

die Yoga-Haltung
yoga pose

die Matte
mat

das Yoga | yoga

die Massage
massage

das Shiatsu
shiatsu

die Chiropraktik
chiropractic

die Osteopathie
osteopathy

die Reflexzonenmassage
reflexology

die Meditation
meditation

deutsch • english

der Berater
counsellor

die Gruppentherapie
group therapy

das Reiki
reiki

die Akupunktur
acupuncture

das Ayurveda
ayurveda

die Hypnotherapie
hypnotherapy

die ätherischen Öle
essential oils

die Kräuterheilkunde
herbalism

die Aromatherapie
aromatherapy

die Homöopathie
homeopathy

die Akupressur
acupressure

die Therapeutin
therapist

die Psychotherapie
psychotherapy

Vokabular • vocabulary

die Kristalltherapie crystal healing	die Naturheilkunde naturopathy	die Entspannung relaxation	das Heilkraut herb
die Wasserbehandlung hydrotherapy	das Feng Shui feng shui	der Stress stress	das Nahrungsergänzungsmitttel supplement

das Haus
home

das Haus • house

das Dach
roof

die Dachrinne
gutter

das Mansardenfenster
dormer window

der Schornstein
chimney

die Mauer
wall

der Dachvorsprung
eaves

der
Dachziegel
tile

der
Fensterladen
shutter

das Vordach
porch

das Fenster
window

der Anbau
extension

der Weg
path

die Haustür
front door

Vokabular • vocabulary

Einzel(haus) detached	**Reihen(haus)** terraced	**die Garage** garage	**das Stockwerk** floor	**die Alarmanlage** burglar alarm	**mieten** rent (v)
Doppel(haus) semidetached	**der Bungalow** bungalow	**das Zimmer** room	**der Hof** courtyard	**der Briefkasten** letterbox	**die Miete** rent
das Stadthaus townhouse	**das Kellergeschoss** basement	**der Dachboden** attic	**die Haustürlampe** porch light	**der Vermieter** landlord	**der Mieter** tenant

der Eingang • entrance

die Wohnung • flat

das Geländer
hand rail

der Treppenabsatz
landing

das Treppengeländer
banister

die Treppe
staircase

die Diele
hallway

der Balkon
balcony

der Wohnblock
block of flats

die Sprechanlage
intercom

der Fahrstuhl
lift

die Türklingel
doorbell

der Fußabtreter
doormat

der Türklopfer
door knocker

die Türkette
door chain

der Schlüssel
key

das Schloss
lock

der Türriegel
bolt

die Hausanschlüsse • internal systems

der Flügel
blade

der Ventilator
fan

der Heizkörper
radiator

der Heizofen
heater

der Heizlüfter
convector heater

die Elektrizität • electricity

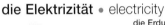

neutral
neutral

die Erdung
earthing

der Pol
pin

geladen
live

die Energiesparlampe
energy-saving bulb

der Stecker
plug

die Leitung
wires

Vokabular • vocabulary

die Spannung voltage	**die Sicherung** fuse	**die Steckdose** socket	**der Gleichstrom** direct current	**der Transformator** transformer
das Ampère amp	**der Generator** generator	**der Schalter** switch	**der Stromzähler** electricity meter	**das Stromnetz** mains supply
der Strom power	**der Sicherungskasten** fuse box	**der Wechselstrom** alternating current	**der Stromausfall** power cut	

---

die Installation • plumbing

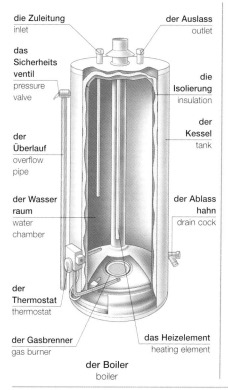

die Zuleitung
inlet

der Auslass
outlet

das
Sicherheits
ventil
pressure
valve

die
Isolierung
insulation

der
Kessel
tank

der
Überlauf
overflow
pipe

der Wasser
raum
water
chamber

der Ablass
hahn
drain cock

der
Thermostat
thermostat

der Gasbrenner
gas burner

das Heizelement
heating element

der Boiler
boiler

die Spüle • sink

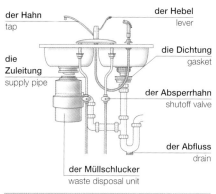

der Hahn
tap

der Hebel
lever

die Dichtung
gasket

die
Zuleitung
supply pipe

der Absperrhahn
shutoff valve

der Abfluss
drain

der Müllschlucker
waste disposal unit

die Toilette • toilet

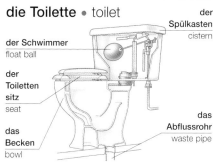

der
Spülkasten
cistern

der Schwimmer
float ball

der
Toiletten
sitz
seat

das
Abflussrohr
waste pipe

das
Becken
bowl

die Abfallentsorgung • waste disposal

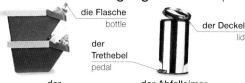

die Flasche
bottle

der Deckel
lid

der
Trethebel
pedal

der
Recyclingbehälter
recycling bin

der Abfalleimer
rubbish bin

die
Abfallsortiereinheit
sorting unit

der Bio-Abfall
organic waste

das Wohnzimmer • living room

die Wandlampe
wall light

der Kamin
fireplace

die Decke
ceiling

die Vase
vase

das Sofakissen
cushion

die Lampe
lamp

der Couchtisch
coffee table

das Sofa
sofa

der Fußboden
floor

der
Bilderrahmen
frame

das Gemälde
painting

der Vorhang
curtain

die Gardine
net curtain

die Jalousie
Venetian blinds

das Rollo
roller blind

der Stuck
moulding

der Sessel
armchair

das Bücherregal
bookshelf

die
Bettcouch
sofa bed

der Teppich
rug

das Arbeitszimmer | study

das Esszimmer • dining room

der Pfeffer
pepper

das Salz
salt

der Tisch
table

das Geschirr
crockery

das Besteck
cutlery

der Stuhl
chair

die Lehne
back

die Sitzfläche
seat

das Bein
leg

Vokabular • vocabulary

die Tischdecke	die Gastgeberin	die Portion	den Tisch decken	das Frühstück
tablecloth	hostess	portion	lay the table (v)	breakfast
das Set	**der Gast**	**hungrig**	**servieren**	**das Mittagessen**
place mat	guest	hungry	serve (v)	lunch
das Essen	**der Gastgeber**	**satt**	**essen**	**das Abendessen**
meal	host	full	eat (v)	dinner

Könnte ich bitte noch ein bisschen haben?
Can I have some more, please?

Ich bin satt, danke.
I've had enough, thank you.

Das war lecker.
That was delicious.

das Geschirr und das Besteck • crockery and cutlery

der Becher
mug

die Kaffeetasse
coffee cup

die Teetasse
teacup

der Teelöffel
teaspoon

der Teller
plate

die Schüssel
bowl

die Cafetière
cafetière

die Teekanne
teapot

das Kännchen
jug

der Eierbecher
egg cup

das Weinglas
wine glass

das Wasserglas
tumbler

die Glaswaren
glassware

der Serviettenring
napkin ring

der Beilagenteller
side plate

der Essteller
dinner plate

der Suppenteller
soup bowl

der Suppenlöffel
soup spoon

die Serviette
napkin

die Gabel
fork

das Gedeck
place setting

der Löffel
spoon

das Messer
knife

die Küche • kitchen

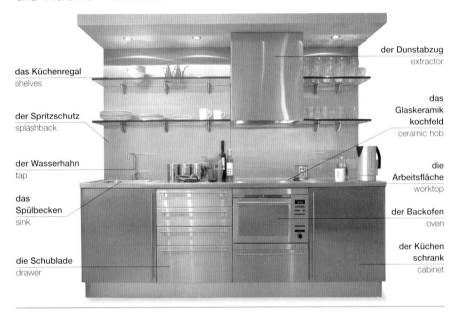

das Küchenregal
shelves

der Spritzschutz
splashback

der Wasserhahn
tap

das
Spülbecken
sink

die Schublade
drawer

der Dunstabzug
extractor

das
Glaskeramik
kochfeld
ceramic hob

die
Arbeitsfläche
worktop

der Backofen
oven

der Küchen
schrank
cabinet

die Küchengeräte • appliances

die Mikrowelle
microwave oven

die
Mixerschüssel
mixing bowl

das
Messer
blade

der Deckel
lid

**der
Elektrokessel**
kettle

der Toaster
toaster

**die
Küchenmaschine**
food processor

der Mixer
blender

die Spülmaschine
dishwasher

das
Eisfach
ice maker

der
Kühlschrank
refrigerator

der Rost
shelf

das
Gefrierfach
freezer

das
Gemüsefach
crisper

der Gefrier-Kühlschrank | fridge-freezer

Vokabular • vocabulary

das Kochfeld	**einfrieren**
hob	freeze (v)
das Abtropfbrett	**auftauen**
draining board	defrost (v)
der Brenner	**dämpfen**
burner	steam (v)
der Mülleimer	**anbraten**
rubbish bin	sauté (v)

das Kochen • cooking

schälen
peel (v)

schneiden
slice (v)

reiben
grate (v)

gießen
pour (v)

verrühren
mix (v)

schlagen
whisk (v)

kochen
boil (v)

braten
fry (v)

ausrollen
roll (v)

rühren
stir (v)

köcheln lassen
simmer (v)

pochieren
poach (v)

backen
bake (v)

braten
roast (v)

grillen
grill (v)

die Küchengeräte • kitchenware

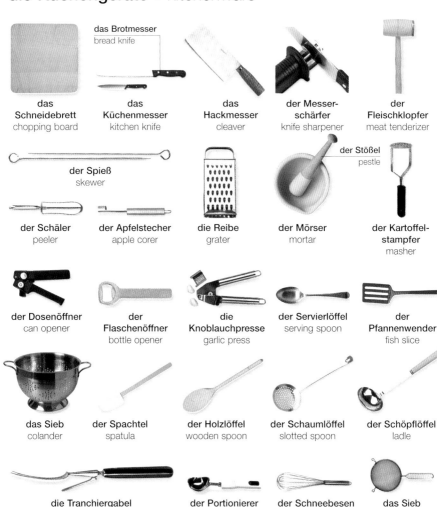

das Brotmesser
bread knife

**das
Schneidebrett**
chopping board

**das
Küchenmesser**
kitchen knife

**das
Hackmesser**
cleaver

**der Messer-
schärfer**
knife sharpener

**der
Fleischklopfer**
meat tenderizer

der Spieß
skewer

der Schäler
peeler

der Apfelstecher
apple corer

die Reibe
grater

der Stößel
pestle

der Mörser
mortar

**der Kartoffel-
stampfer**
masher

der Dosenöffner
can opener

**der
Flaschenöffner**
bottle opener

**die
Knoblauchpresse**
garlic press

der Servierlöffel
serving spoon

**der
Pfannenwender**
fish slice

das Sieb
colander

der Spachtel
spatula

der Holzlöffel
wooden spoon

der Schaumlöffel
slotted spoon

der Schöpflöffel
ladle

die Tranchiergabel
carving fork

der Portionierer
scoop

der Schneebesen
whisk

das Sieb
sieve

der Deckel
lid

kunststoffbeschichtet
non-stick

die Bratpfanne
frying pan

der Kochtopf
saucepan

das Grillblech
grill pan

der Wok
wok

der Schmortopf
earthenware dish

Glas-
glass

feuerfest
ovenproof

**die
Rührschüssel**
mixing bowl

die Souffléform
soufflé dish

die Auflaufform
gratin dish

**das
Auflaufförmchen**
ramekin

die Kasserolle
casserole dish

das Kuchenbacken • baking cakes

**die
Haushaltswaage**
scales

der Messbecher
measuring jug

die Kuchenform
cake tin

**die
Pastetenform**
pie tin

**die Obstkuchen-
form**
flan tin

der Backpinsel
pastry brush

das Nudelholz
rolling pin

der Spritzbeutel
piping bag

**die Törtchen-
form**
muffin tray

**das
Kuchenblech**
baking tray

das Abkühlgitter
cooling rack

**der
Topfhandschuh**
oven glove

die Schürze
apron

das Schlafzimmer • bedroom

der Kleiderschrank
wardrobe

die
Nachttisch
lampe
bedside lamp

das Kopfende
headboard

der Nachttisch
bedside table

die Kommode
chest of drawers

die Schublade
drawer

das Bett
bed

die Matratze
mattress

die Tagesdecke
bedspread

das
Kopfkissen
pillow

die
Wärmflasche
hot-water bottle

der
Radiowecker
clock radio

der Wecker
alarm clock

die
Papiertaschen
tuchschachtel
box of tissues

der Kleiderbügel
coat hanger

die Bettwäsche • bed linen

der Kissenbezug
pillowcase

das Bettlaken
sheet

der Volant
valance

der Spiegel
mirror

der Frisiertisch
dressing table

die Bettdecke
duvet

die Steppdecke
quilt

der Fußboden
floor

die Decke
blanket

Vokabular • vocabulary

das Einzelbett single bed	**das Fußende** footboard	**die Schlaflosigkeit** insomnia	**aufwachen** wake up (v)	**den Wecker stellen** set the alarm (v)
das Doppelbett double bed	**der Sprungrahmen** bedspring	**ins Bett gehen** go to bed (v)	**aufstehen** get up (v)	**schnarchen** snore (v)
die Heizdecke electric blanket	**der Teppich** carpet	**einschlafen** go to sleep (v)	**das Bett machen** make the bed (v)	**der Einbauschrank** built-in wardrobe

---

das Badezimmer • bathroom

der
Handtuchhalter
towel rail

die Duschtür
shower door

der
Kaltwasserhahn
cold tap

der
Heißwasserhahn
hot tap

das
Waschbecken
washbasin

der Duschkopf
shower head

die Dusche
shower

der Stöpsel
plug

der Abfluss
drain

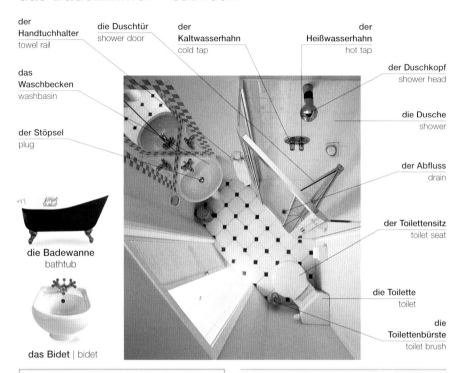

der Toilettensitz
toilet seat

die Badewanne
bathtub

die Toilette
toilet

die
Toilettenbürste
toilet brush

das Bidet | bidet

Vokabular • vocabulary

die Hausapotheke
medicine cabinet

die Bademmatte
bath mat

die Rolle Toilettenpapier
toilet roll

der Duschvorhang
shower curtain

duschen
take a shower (v)

baden
take a bath
(v)

die Zahnpflege • dental hygiene

die Zahnbürste
toothbrush

die
Zahnseide
dental floss

die Zahnpasta
toothpaste

das Mundwasser
mouthwash

der Schwamm
sponge

der Bimsstein
pumice stone

die Rückenbürste
back brush

das Deo
deodorant

die Seifenschale
soap dish

das Duschgel
shower gel

die Seife
soap

die Gesichtscreme
face cream

das Schaumbad
bubble bath

das Handtuch
hand towel

das Badetuch
bath towel

die Handtücher
towels

die Körperlotion
body lotion

der Körperpuder
talcum powder

der Bademantel
bathrobe

das Rasieren • shaving

der Elektrorasierer
electric razor

der Rasierschaum
shaving foam

der Einwegrasierer
disposable razor

die Rasierklinge
razor blade

das Rasierwasser
aftershave

das Kinderzimmer • nursery

die Säuglingspflege • baby care

die Wundsalbe
nappy rash cream

das Feuchttuch
wet wipe

der
Schwamm
sponge

die Babywanne
baby bath

das Töpfchen
potty

die Wickelmatte
changing mat

das Schlafen • sleeping

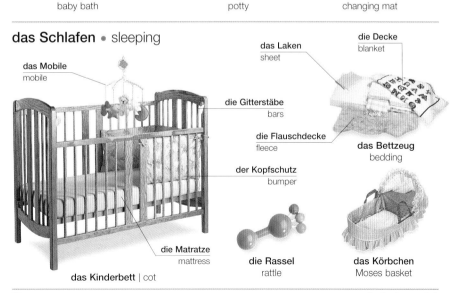

das Mobile
mobile

die Decke
blanket

das Laken
sheet

die Gitterstäbe
bars

die Flauschdecke
fleece

der Kopfschutz
bumper

das Bettzeug
bedding

die Matratze
mattress

die Rassel
rattle

das Körbchen
Moses basket

das Kinderbett | cot

das Spielen • playing

die Puppe
doll

das Kuscheltier
soft toy

das Puppenhaus
doll's house

das Spielhaus
playhouse

die Sicherheit • safety

die Kindersicherung
child lock

das Babyphon
baby monitor

der Teddy
teddy bear

das Spielzeug
toy

der Spielzeugkorb
toy basket

der Ball
ball

der Laufstall
playpen

das Treppengitter
stair gate

das Essen • eating

der Kinderstuhl
high chair

der Sauger
teat

die Schnabeltasse
drinking cup

die Babyflasche
bottle

das Ausgehen • going out

der Sportwagen
pushchair

das Verdeck
hood

der Kinderwagen
pram

das Tragebettchen
carrycot

die Windel
nappy

die Babytasche
changing bag

die Babytrageschlinge
baby sling

der Allzweckraum • utility room

die Wäsche • laundry

die saubere Wäsche
clean clothes

die
schmutzige
Wäsche
dirty washing

der Wäschekorb	die Waschmaschine	der Waschtrockner	der Trockner	der Wäschekorb
laundry basket	washing machine	washer-dryer	tumble dryer	linen basket

die Wäscheleine
clothes line

das Bügeleisen
iron

die Wäsche
klammer
clothes peg

trocknen
dry (v)

das Bügelbrett | ironing board

Vokabular • vocabulary

füllen	**schleudern**	**bügeln**	**Wie benutze ich die Waschmaschine?**
load (v)	spin (v)	iron (v)	How do I operate the washing machine?
spülen	**die Wäscheschleuder**	**der Weichspüler**	**Welches Programm nehme ich für farbige/weiße Wäsche?**
rinse (v)	spin dryer	fabric conditioner	What is the setting for coloureds/whites?

die Reinigungsartikel • cleaning equipment

der Saugschlauch
suction hose

der Handfeger
brush

die Müllschaufel
dust pan

das Reinigungsmittel
bleach

der Eimer
bucket

das Pulver
powder

der
Flüssigreiniger
liquid

das
Staubtuch
duster

der Staubsauger
vacuum cleaner

der Mopp
mop

das Waschmittel
detergent

die Politur
polish

die Tätigkeiten • activities

putzen
clean (v)

spülen
wash (v)

wischen
wipe (v)

schrubben
scrub (v)

kratzen
scrape (v)

der Besen
broom

fegen
sweep (v)

Staub wischen
dust (v)

polieren
polish (v)

die Heimwerkstatt • workshop

das Bohrfutter
chuck

der Bohrer
drill bit

die Batterie
battery pack

die Stichsäge
jigsaw

der Bohrer mit
Batteriebetrieb
cordless drill

der Elektrobohrer
electric drill

die Leimpistole
glue gun

die Zwinge
clamp

das Blatt
blade

der Schraubstock
vice

die Schleifmaschine
sander

die Kreissäge
circular saw

die Werkbank
workbench

der Holzleim
wood glue

das
Werkzeuggestell
tool rack

der Grundhobel
router

die Bohrwinde
bit brace

die Holzspäne
wood shavings

die
Verlängerungsschnur
extension lead

die Techniken • techniques

schneiden
cut (v)

sägen
saw (v)

bohren
drill (v)

hämmern
hammer (v)

hobeln
plane (v)

drechseln
turn (v)

der Lötzinn
solder

schnitzen
carve (v)

löten
solder (v)

die Materialien • materials

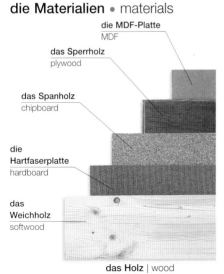

die MDF-Platte
MDF

das Sperrholz
plywood

das Spanholz
chipboard

die Hartfaserplatte
hardboard

das Weichholz
softwood

das Holz | wood

das Hartholz
hardwood

der Lack
varnish

die Beize
woodstain

der Draht
wire

das Kabel
cable

der rostfreie Stahl
stainless steel

galvanisiert
galvanised

das Metall | metal

der Werkzeugkasten • toolbox

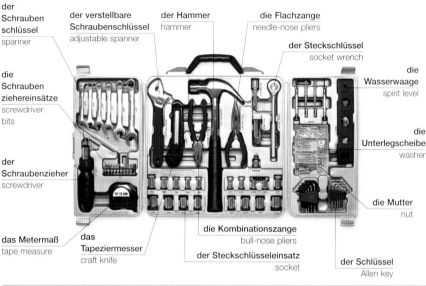

der Schrauben schlüssel
spanner

der verstellbare Schraubenschlüssel
adjustable spanner

der Hammer
hammer

die Flachzange
needle-nose pliers

der Steckschlüssel
socket wrench

die Wasserwaage
spirit level

die Schrauben ziehereinsätze
screwdriver bits

die Unterlegscheibe
washer

der Schraubenzieher
screwdriver

die Mutter
nut

das Metermaß
tape measure

das Tapeziermesser
craft knife

die Kombinationszange
bull-nose pliers

der Steckschlüsseleinsatz
socket

der Schlüssel
Allen key

die Bohrer • drill bits

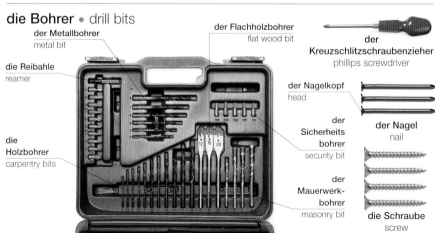

der Metallbohrer
metal bit

der Flachholzbohrer
flat wood bit

der Kreuzschlitzschraubenzieher
phillips screwdriver

die Reibahle
reamer

der Nagelkopf
head

der Sicherheits bohrer
security bit

der Nagel
nail

die Holzbohrer
carpentry bits

der Mauerwerk- bohrer
masonry bit

die Schraube
screw

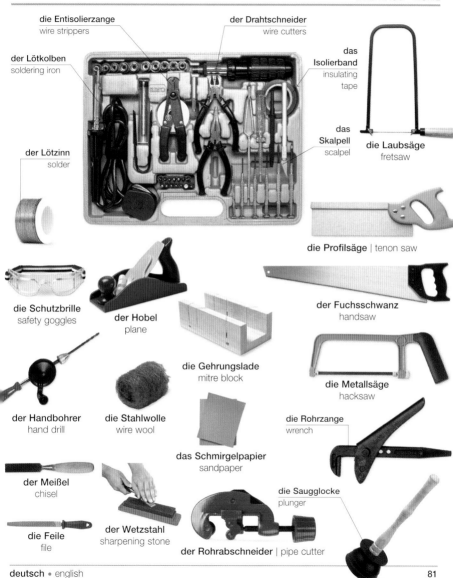

die Entisolierzange
wire strippers

der Drahtschneider
wire cutters

der Lötkolben
soldering iron

das Isolierband
insulating tape

der Lötzinn
solder

das Skalpell
scalpel

die Laubsäge
fretsaw

die Profilsäge | tenon saw

die Schutzbrille
safety goggles

der Hobel
plane

der Fuchsschwanz
handsaw

die Gehrungslade
mitre block

die Metallsäge
hacksaw

der Handbohrer
hand drill

die Stahlwolle
wire wool

das Schmirgelpapier
sandpaper

die Rohrzange
wrench

der Meißel
chisel

die Saugglocke
plunger

die Feile
file

der Wetzstahl
sharpening stone

der Rohrabschneider | pipe cutter

das Tapezieren • decorating

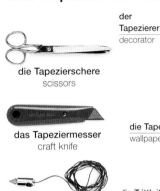

die **Tapezierschere**
scissors

das **Tapeziermesser**
craft knife

das **Senkblei**
plumb line

der **Spachtel**
scraper

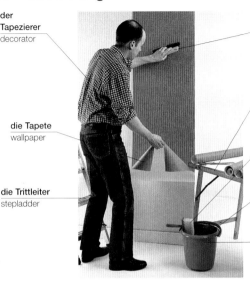

der
Tapezierer
decorator

die
Tapezierbürste
wallpaper brush

der
Tapeziertisch
pasting table

die
Kleisterbürste
pasting brush

die **Tapete**
wallpaper

der
Tapetenkleister
wallpaper paste

die **Trittleiter**
stepladder

der **Eimer**
bucket

tapezieren | wallpaper (v)

abziehen
strip (v)

spachteln
fill (v)

schmirgeln
sand (v)

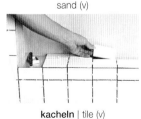

verputzen | plaster (v)

anbringen | hang (v)

kacheln | tile (v)

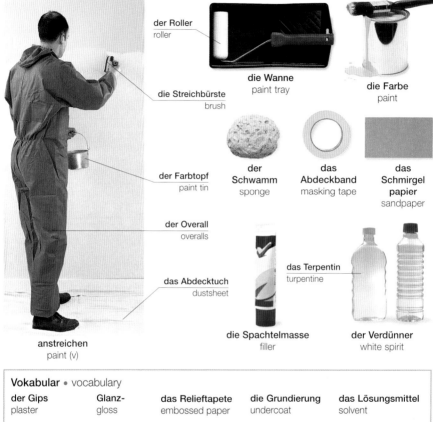

der Roller
roller

die Wanne
paint tray

die Farbe
paint

die Streichbürste
brush

der
Schwamm
sponge

das
Abdeckband
masking tape

das
Schmirgel
papier
sandpaper

der Farbtopf
paint tin

der Overall
overalls

das Terpentin
turpentine

das Abdecktuch
dustsheet

die Spachtelmasse
filler

der Verdünner
white spirit

anstreichen
paint (v)

Vokabular • vocabulary

der Gips plaster	Glanz- gloss	das Relieftapete embossed paper	die Grundierung undercoat	das Lösungsmittel solvent
der Lack varnish	matt matte	die Grundfarbe primer	der Fugenkitt grout	der Deckanstrich top coat
die Emulsionsfarbe emulsion	die Schablone stencil	das Einsatzpapier lining paper	der Schutzanstrich preservative	das Versiegelungsmittel sealant

der Garten • garden

die Gartentypen • garden styles

die Garten ornamente • garden features

der Patio
patio garden

der architektonische Garten | formal garden

der Bauerngarten
cottage garden

der Kräutergarten
herb garden

der Dachgarten
roof garden

der Steingarten
rock garden

der Hof
courtyard

der Wassergarten
water garden

die Blumenampel
hanging basket

das Spalier
trellis

die Pergola
pergola

die Platten
paving

der Weg
path

der Kompost
haufen
compost heap

das Tor
gate

das
Blumenbeet
flowerbed

der Boden •
soil

der
Schuppen
shed

das
Gewächshaus
greenhouse

der Zaun
fence

der Rasen
lawn

der Teich
pond

die Hecke
hedge

der Bogen
arch

der
Gemüsegarten
vegetable
garden

die Staudenrabatte
herbaceous border

die Erde
topsoil

der Sand
sand

der Kalk
chalk

der Schluff
silt

der Lehm
clay

die Planken
decking

der Springbrunnen | fountain

die Gartenpflanzen • garden plants

die Pflanzenarten • types of plants

einjährig
annual

zweijährig
biennial

mehrjährig
perennial

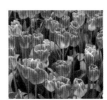
die Zwiebel
bulb

der Farn
fern

die Binse
rush

der Bambus
bamboo

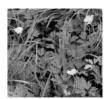
das Unkraut
weeds

das Kraut
herb

die Wasserpflanze
water plant

der Baum
tree

der Laubbaum
deciduous

die Palme
palm

der Nadelbaum
conifer

immergrün
evergreen

der Formschnitt
topiary

die Alpenpflanze
alpine

die Fettpflanze
succulent

der Kaktus
cactus

die Topfpflanze
potted plant

die Schattenpflanze
shade plant

die Kletterpflanze
climber

der Zierstrauch
flowering shrub

der Bodendecker
ground cover

die Kriechpflanze
creeper

Zier-
ornamental

das Gras
grass

die Gartengeräte • garden tools

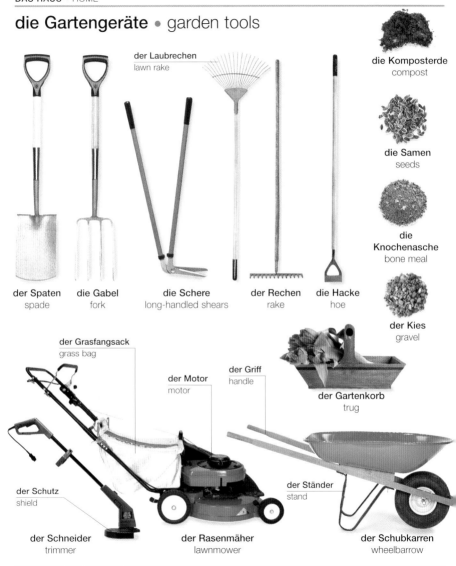

der Laubrechen
lawn rake

die Komposterde
compost

die Samen
seeds

die
Knochenasche
bone meal

der Kies
gravel

der Spaten
spade

die Gabel
fork

die Schere
long-handled shears

der Rechen
rake

die Hacke
hoe

der Grasfangsack
grass bag

der Motor
motor

der Griff
handle

der Gartenkorb
trug

der Schutz
shield

der Ständer
stand

der Schneider
trimmer

der Rasenmäher
lawnmower

der Schubkarren
wheelbarrow

deutsch • english

die Handgabel
hand fork

die Pflanzschaufel
trowel

die Klinge
blade

die Heckenschere
shears

die Handsäge
hand saw

die Rosenschere
secateurs

der Setzkasten
seed tray

das Pestizid
pesticide

die Gartenhandschuhe
gardening gloves

der Zwirn
twine

die Pflanzenschildchen
labels

die Befestigungen
twist ties

die Ringbefestigungen
ring ties

die Garten stöcke
canes

das Sieb
sieve

der Blumentopf
plant pot

die Gummistiefel
rubber boots

Gießen • watering

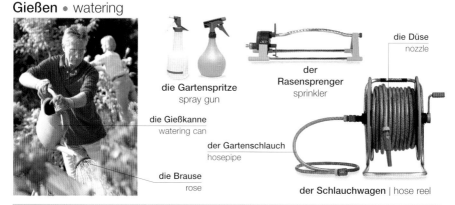

die Gartenspritze
spray gun

die Gießkanne
watering can

die Brause
rose

der Rasensprenger
sprinkler

die Düse
nozzle

der Gartenschlauch
hosepipe

der Schlauchwagen | hose reel

die Gartenarbeit • gardening

der Rasen
lawn

das Blumenbeet
flowerbed

der Rasenmäher
lawnmower

die Hecke
hedge

die Stange
stake

mähen | mow (v)

mit Rasen bedecken
turf (v)

stechen
spike (v)

harken
rake (v)

stutzen
trim (v)

graben
dig (v)

säen
sow (v)

mit Kopfdünger düngen
top dress (v)

gießen
water (v)

deutsch • english

der Stock
cane

ziehen
train (v)

köpfen
deadhead (v)

sprühen
spray (v)

der Ableger
cutting

pfropfen
graft (v)

vermehren
propagate (v)

beschneiden
prune (v)

hochbinden
stake (v)

umpflanzen
transplant (v)

jäten
weed (v)

mulchen
mulch (v)

ernten
harvest (v)

Vokabular • vocabulary

züchten cultivate (v)	**gestalten** landscape (v)	**düngen** fertilize (v)	**sieben** sieve (v)	**biodynamisch** organic	**die Entwässerung** drainage	**der Dünger** fertilizer
hegen tend (v)	**eintopfen** pot up (v)	**pflücken** pick (v)	**auflockern** aerate (v)	**der Untergrund** subsoil	**der Unkrautvernichter** weedkiller	**der Sämling** seedling

die Dienstleistungen
services

die Notdienste • emergency services

der Rettungsdienst • ambulance

die Tragbahre
stretcher

der Krankenwagen
ambulance

der Rettungssanitäter
paramedic

die Polizei • police

die Kenn-marke
badge

die Uniform
uniform

die Sirene
siren

das Licht
lights

die Polizeiwache
police station

der Gummiknüppel
truncheon

das Polizeiauto
police car

die Pistole
gun

die Handschellen
handcuffs

der Polizist
police officer

Vokabular • vocabulary

der Inspektor	das Verbrechen	die Beschwerde	die Festnahme
inspector	crime	complaint	arrest
der Kriminal-beamte	der Einbruch-diebstahl	die Ermittlung	die Anklage
detective	burglary	investigation	charge
die Polizeizelle	die Körperve-rletzung	der Verdächtige	der Finger abdruck
police cell	assault	suspect	fingerprint

die Feuerwehr • fire brigade

der Schutzhelm
helmet

der Rauch
smoke

der Schlauch
hose

der
Auslegerkorb
cradle

der
Wasserstrahl
water jet

die Feuerwehrleute
firefighters

die
Fahrer-
kabine
cab

die Leiter
ladder

der
Ausleger
boom

der Brand | fire

die Feuerwache
fire station

die Feuertreppe
fire escape

das Löschfahrzeug
fire engine

der Rauchmelder
smoke alarm

der Feuermelder
fire alarm

das Beil
axe

der
Feuerlöscher
fire extinguisher

der Hydrant
hydrant

Die Polizei/die Feuerwehr/einen Krankenwagen, bitte. I need the police/fire brigade/ambulance.	**Es brennt in…** There's a fire at…	**Es ist ein Unfall passiert.** There's been an accident.	**Rufen Sie die Polizei!** Call the police!

die Bank • bank

der Kunde
customer

der Schalter
window

der Kassierer
cashier

die Broschüren
leaflets

der Schalter
counter

**die Einzahlungs
scheine**
paying-in slips

die EC-Karte
debit card

**der
Stammabschnitt**
stub

**die
Kontonummer**
account number

**die
Unterschrift**
signature

der Betrag
amount

der Filialleiter
bank manager

die Kreditkarte
credit card

das Scheckheft
chequebook

der Scheck
cheque

Vokabular • vocabulary

die Steuer tax	**die Hypothek** mortgage	**die Zahlung** payment	**einzahlen** pay in (v)	**das Girokonto** current account
das Darlehen loan	**der Zinssatz** interest rate	**der Einzugsauftrag** direct debit	**die Bankgebühr** bank charge	**das Sparkonto** savings account
die Spareinlagen savings	**die Kontoüberziehung** overdraft	**das Abhebungsformular** withdrawal slip	**die Überweisung** bank transfer	**der PIN-Kode** PIN

die Münze
coin

der Schein
note

der
Bildschirm
screen

das
Tastenfeld
keypad

der
Kartenschlitz
card slot

das Geld
money

der Geldautomat
ATM

die ausländische Währung •
foreign currency

die Wechselstube
bureau de change

der Reisescheck
traveller's cheque

der Wechselkurs
exchange rate

die Geldwirtschaft • finance

der Aktienpreis
share price

der
Börsenmakler
stockbroker

die Finanzberaterin
financial advisor

die Börse | stock exchange

Vokabular • vocabulary

einlösen	die Aktien
cash (v)	shares
der Nennwert	die Gewinnanteile
denomination	dividends
die Provision	das Portefeuille
commission	portfolio
die Wertpapiere	das Eigenkapital
stocks	equity
die Kapitalanlage	der Buchhalter
investment	accountant

Könnte ich das bitte wechseln?
Can I change this please?

Wie ist der heutige Wechselkurs?
What's today's exchange rate?

die Kommunikation • communications

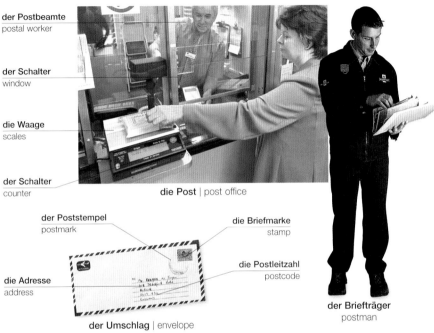

der Postbeamte
postal worker

der Schalter
window

die Waage
scales

der Schalter
counter

die Post | post office

der Poststempel
postmark

die Briefmarke
stamp

die Postleitzahl
postcode

die Adresse
address

der Umschlag | envelope

der Briefträger
postman

Vokabular • vocabulary

der Brief letter	**der Absender** return address	**die Zustellung** delivery	**zerbrechlich** fragile	**nicht falten** do not bend (v)
per Luftpost by airmail	**die Unterschrift** signature	**die Postgebühr** postage	**der Postsack** mailbag	**oben** this way up
das Einschreiben registered post	**die Leerung** collection	**die Postanweisung** postal order	**das Telegramm** telegram	

der Briefkasten
postbox

der Hausbriefkasten
letterbox

das Paket
parcel

der Kurierdienst
courier

das Telefon • telephone

der Hörer
handset

die Basis
base station

der Anrufbeantworter
answering machine

das schnurlose Telefon
cordless phone

das Bildtelefon
video phone

die Telefonzelle
telephone box

das Tastenfeld
keypad

der Hörer
receiver

die Münzrückgabe
coin return

das Smartphone
smartphone

das Handy
mobile phone

der Münzfernsprecher
payphone

Vokabular • vocabulary

abheben
answer (v)

wählen
dial (v)

das R-Gespräch
reverse charge call

die Auskunft
directory enquiries

die App
app

die SMS
text (SMS)

die Sprachmit-teilung
voice message

der Passcode
passcode

besetzt
engaged/busy

unterbrochen
disconnected

die Vermittlung
operator

Können Sie mir die Nummer für…geben?
Can you give me the number for…?

Was ist die Vorwahl für…?
What is the dialling code for…?

Schick mir eine SMS!
Text me!

---

das Hotel • hotel
die Empfangshalle • lobby

die Nachrichten
messages

der Gast
guest

der Zimmerschlüssel
room key

das Fach
pigeonhole

die
Empfangsdame
receptionist

das
Gästebuch
register

der Schalter
counter

der Empfang | reception

das
Gepäck
luggage

der Kofferkuli
trolley

der Page
porter

der Fahrstuhl
lift

die Zimmernummer
room number

die Zimmer • rooms

das Einzelzimmer
single room

das Doppelzimmer
double room

das Zweibettzimmer
twin room

**das
Privatbadezimmer**
private bathroom

die Dienstleistungen • services

das Frühstückstablett
breakfast tray

die Zimmerreinigung
maid service

der Wäschedienst
laundry service

der Zimmerservice | room service

die Minibar
minibar

das Restaurant
restaurant

der Fitnessraum
gym

das Schwimmbad
swimming pool

Vokabular • vocabulary

die Vollpension
full board

die Halbpension
half board

die Übernachtung mit Frühstück
bed and breakfast

Haben Sie ein Zimmer frei?
Do you have any vacancies?

Ich möchte ein Einzelzimmer.
I'd like a single room.

Ich habe ein Zimmer reserviert.
I have a reservation.

Ich möchte ein Zimmer für drei Nächte.
I'd like a room for three nights.

Was kostet das Zimmer pro Nacht?
What is the charge per night?

Wann muss ich das Zimmer räumen?
When do I have to vacate the room?

der Einkauf
shopping

das Einkaufszentrum • shopping centre

das Atrium
atrium

das Schild
sign

der
Fahrstuhl
lift

die zweite
Etage
second floor

die erste
Etage
first floor

die Rolltreppe
escalator

das
Erdgeschoss
ground floor

der Kunde
customer

Vokabular • vocabulary

die Kinderabteilung children's department	**der Kundendienst** customer services	**die Anprobe** changing rooms	**Was kostet das?** How much is this?
die Gepäckabteilung luggage department	**die Anzeigetafel** store directory	**der Wickelraum** baby changing facilities	**Kann ich das umtauschen?** May I exchange this?
die Schuhabteilung shoe department	**der Verkäufer** sales assistant	**die Toiletten** toilets	

das Kaufhaus • department store

die Herrenbekleidung
menswear

die Damenoberbekleidung
womenswear

die Damenwäsche
lingerie

die Parfümerie
perfumery

die Schönheitspflege
beauty

die Wäsche
linen

die Möbel
home furnishings

die Kurzwaren
haberdashery

die Küchengeräte
kitchenware

das Porzellan
china

die Elektroartikel
electrical goods

die Lampen
lighting

die Sportartikel
sports

die Spielwaren
toys

die Schreibwaren
stationery

die Lebensmittelabteilung
food hall

der Supermarkt • supermarket

der Gang
aisle

das
Warenregal
shelf

das Laufband
conveyer belt

der Kassierer
cashier

die
Angebote
offers

die Kasse | checkout

der Kunde
customer

die Kasse
till

die
Einkaufstasche
shopping bag

die
Lebensmittel
groceries

der Henkel
handle

der Strichcode
bar code

der Einkaufswagen
trolley

der Einkaufskorb
basket

der Scanner
scanner

die Backwaren
bakery

die Milchprodukte
dairy

die Getreideflocken
breakfast cereals

die Konserven
tinned food

die Süßwaren
confectionery

das Gemüse
vegetables

das Obst
fruit

das Fleisch und das Geflügel
meat and poultry

der Fisch
fish

die Feinkost
deli

die Gefrierware
frozen food

die Fertiggerichte
convenience food

die Getränke
drinks

die Haushaltswaren
household products

die Toilettenartikel
toiletries

die Babyprodukte
baby products

die Elektroartikel
electrical goods

das Tierfutter
pet food

die Zeitschriften | magazines

die Apotheke • chemist

die Zahnpflege
dental care

die Monats-
hygiene
feminine
hygiene

die Deos
deodorants

die
Vitamintabletten
vitamins

die Apotheke
dispensary

der Apotheker
pharmacist

das
Hustenmedikament
cough medicine

das Kräuterheilmittel
herbal remedies

die Hautpflege
skin care

die After-
Sun-Lotion
aftersun

die Sonnenschutzcreme
sunscreen

der Sonnenblock
sunblock

das
Insektenschutzmittel
insect repellent

das Reinigungstuch
wet wipe

das Papiertaschentuch
tissue

die Damenbinde
sanitary towel

der Tampon
tampon

die Slipeinlage
panty liner

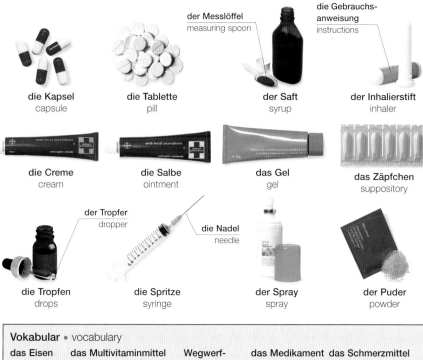

der Messlöffel
measuring spoon

die Gebrauchs-anweisung
instructions

die Kapsel
capsule

die Tablette
pill

der Saft
syrup

der Inhalierstift
inhaler

die Creme
cream

die Salbe
ointment

das Gel
gel

das Zäpfchen
suppository

der Tropfer
dropper

die Nadel
needle

die Tropfen
drops

die Spritze
syringe

der Spray
spray

der Puder
powder

Vokabular • vocabulary

das Eisen iron	**das Multivitaminmittel** multivitamins	**Wegwerf-** disposable	**das Medikament** medicine	**das Schmerzmittel** painkiller
das Kalzium calcium	**die Nebenwirkungen** side effects	**löslich** soluble	**der Durchfall** diarrhoea	**das Beruhigungsmittel** sedative
das Insulin insulin	**das Verfallsdatum** expiry date	**die Dosierung** dosage	**die Halspastille** throat lozenge	**die Schlaftablette** sleeping pill
das Magnesium magnesium	**die Reisekrankheitstabletten** travel-sickness pills	**die Verordnung** medication	**das Abführmittel** laxative	**der Entzündungshemmer** anti-inflammatory

---

das Blumengeschäft • florist

die Blumen
flowers

die Gladiole
gladiolus

die Lilie
lily

die Iris
iris

die Akazie
acacia

die Margerite
daisy

die
Chrysantheme
chrysanthemum

die Nelke
carnation

das
Schleierkraut
gypsophila

die Topfpflanze
pot plant

die Levkoje
stocks

die Gerbera
gerbera

die Blätter
foliage

die Rose
rose

die Freesie
freesia

die
Blumenvase
vase

die Orchidee
orchid

die Pfingstrose
peony

der Strauß
bunch

der Stengel
stem

die Osterglocke
daffodil

die Knospe
bud

**das Ein
wickelpapier**
wrapping

die Tulpe | tulip

die Blumenarrangements • arrangements

das Band
ribbon

der Blumenstrauß
bouquet

die Trockenblumen
dried flowers

das Duftsträußchen | potpourri

der Kranz | wreath

die
Blumengirlande
garland

Ich möchte einen Strauß…, bitte.
Can I have a bunch of… please?

Können Sie die Blumen bitte einwickeln?
Can I have them wrapped?

Kann ich eine Nachricht mitschicken?
Can I attach a message?

Wie lange halten sie?
How long will these last?

Duften sie?
Are they fragrant?

Können Sie die Blumen an… schicken?
Can you send them to…?

der Zeitungshändler • newsagent

die Zigaretten
cigarettes

das Päckchen Zigaretten
packet of cigarettes

die
Briefmarken
stamps

die Postkarte
postcard

das Comicheft
comic

die Zeitschrift
magazine

die Zeitung
newspaper

das Rauchen • smoking

das Mundstück
stem

der Kopf
bowl

der Tabak
tobacco

das Feuerzeug
lighter

die Pfeife
pipe

die Zigarre
cigar

der Süßwarenhändler • confectioner

die Schachtel Pralinen
box of chocolates

die Näscherei
snack bar

die Chips
crisps

das Süßwarengeschäft | sweet shop

Vokabular • vocabulary

die Milchschokolade milk chocolate	der Karamell caramel
die bittere Schokolade plain chocolate	der Trüffel truffle
die weiße Schokolade white chocolate	der Keks biscuit
die bunte Mischung pick and mix	die Bonbons boiled sweets

die Süßwaren • confectionery

die Praline
chocolate

die Tafel Schokolade
chocolate bar

die Bonbons
sweets

der Lutscher
lollipop

das Toffee
toffee

der Nugat
nougat

das Marshmallow
marshmallow

das Pfefferminz
mint

der Kaugummi
chewing gum

der Geleebonbon
jellybean

der Fruchtgummi
fruit gum

die Lakritze
liquorice

andere Geschäfte • other shops

die Bäckerei
baker's

die Konditorei
cake shop

die Metzgerei
butcher's

das Fischgeschäft
fishmonger's

der Gemüseladen
greengrocer's

**das
Lebensmittelgeschäft**
grocer's

das Schuhgeschäft
shoe shop

**die Eisenwaren-
handlung**
hardware shop

der Antiquitätenladen
antique shop

**der Geschenkartikel-
laden**
gift shop

das Reisebüro
travel agent's

das Juweliergeschäft
jeweller's

der Buchladen
book shop

das Musikgeschäft
record shop

die Weinhandlung
off licence

die Tierhandlung
pet shop

das Möbelgeschäft
furniture shop

die Boutique
boutique

Vokabular • vocabulary

das Gartencenter garden centre	**das Fotogeschäft** camera shop
die Reinigung dry cleaner's	**das Reformhaus** health food shop
der Waschsalon launderette	**die Kunsthandlung** art shop
der Immobilienmakler estate agent's	**der Gebrauchtwarenhändler** second-hand shop

die Schneiderei
tailor's

der Frisiersalon
hairdresser's

der Markt | market

die Nahrungsmittel
food

das Fleisch • meat

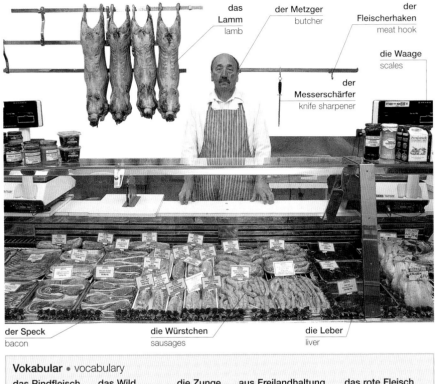

das
Lamm
lamb

der **Metzger**
butcher

der
Fleischerhaken
meat hook

die Waage
scales

der
Messerschärfer
knife sharpener

der Speck
bacon

die Würstchen
sausages

die Leber
liver

Vokabular • vocabulary

das Rindfleisch beef	**das Wild** venison	**die Zunge** tongue	**aus Freilandhaltung** free range	**das rote Fleisch** red meat
das Kalbfleisch veal	**das Kaninchen** rabbit	**gepökelt** cured	**biologisch kontrolliert** organic	**das magere Fleisch** lean meat
das Schweinefleisch pork	**die Innereien** offal	**geräuchert** smoked	**das weiße Fleisch** white meat	**das gekochte Fleisch** cooked meat

die Fleischsorten • cuts

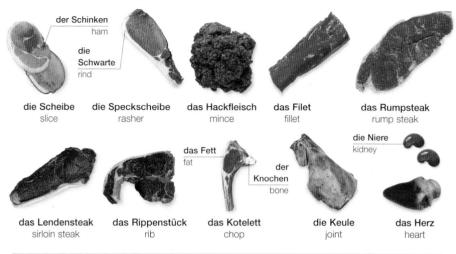

der Schinken
ham

die Schwarte
rind

die Scheibe
slice

die Speckscheibe
rasher

das Hackfleisch
mince

das Filet
fillet

das Rumpsteak
rump steak

das Fett
fat

der Knochen
bone

die Niere
kidney

das Lendensteak
sirloin steak

das Rippenstück
rib

das Kotelett
chop

die Keule
joint

das Herz
heart

das Geflügel • poultry

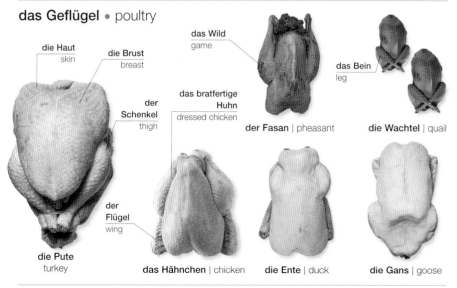

die Haut
skin

die Brust
breast

das Wild
game

das Bein
leg

der Schenkel
thigh

das bratfertige Huhn
dressed chicken

der Fasan | pheasant

die Wachtel | quail

der Flügel
wing

die Pute
turkey

das Hähnchen | chicken

die Ente | duck

die Gans | goose

der Fisch • fish

die geschälten Garnelen
peeled prawns

das Eis
ice

die rote Meerbarbe
red mullet

die Heilbuttfilets
halibut fillets

die Regenbogenforelle
rainbow trout

die Rochenflügel
skate wings

das Fischgeschäft
fishmonger's

die Quappe
monkfish

die Makrele
mackerel

die Forelle
trout

der Schwertfisch
swordfish

die Seezunge
Dover sole

die Rotzunge
lemon sole

der Schellfisch
haddock

die Sardine
sardine

der Rochen
skate

der Merlan
whiting

der Seebarsch
sea bass

der Lachs | salmon

der Kabeljau
cod

der Seebrassen
sea bream

der Tunfisch
tuna

die Meeresfrüchte • seafood

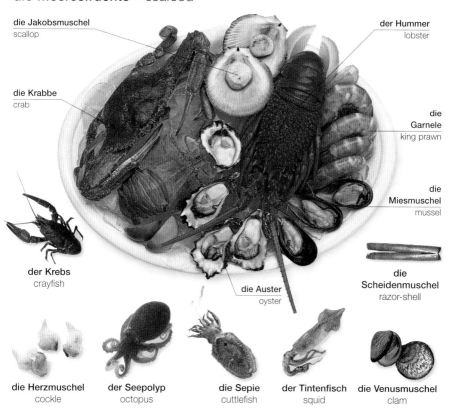

die Jakobsmuschel
scallop

der Hummer
lobster

die Krabbe
crab

die Garnele
king prawn

die Miesmuschel
mussel

der Krebs
crayfish

die Scheidenmuschel
razor-shell

die Auster
oyster

die Herzmuschel
cockle

der Seepolyp
octopus

die Sepie
cuttlefish

der Tintenfisch
squid

die Venusmuschel
clam

Vokabular • vocabulary

tiefgefroren	gesalzen	gesäubert	entschuppt	enthäutet	das Loin	die Gräte	das Filet
frozen	salted	cleaned	descaled	skinned	loin	bone	fillet

frisch	geräuchert	filetiert	entgrätet	die Schuppe	der Schwanz	die Schnitte	Können Sie ihn mir säubern?
fresh	smoked	filleted	boned	scale	tail	steak	Will you clean it for me?

das Gemüse 1 • vegetables 1

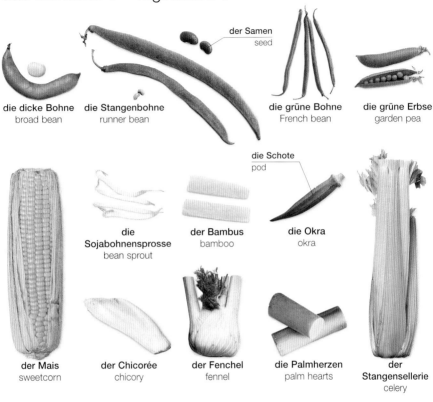

der Samen
seed

die dicke Bohne
broad bean

die Stangenbohne
runner bean

die grüne Bohne
French bean

die grüne Erbse
garden pea

die Schote
pod

die
Sojabohnensprosse
bean sprout

der Bambus
bamboo

die Okra
okra

der Mais
sweetcorn

der Chicorée
chicory

der Fenchel
fennel

die Palmherzen
palm hearts

der
Stangensellerie
celery

Vokabular • vocabulary

das Blatt leaf	**das Röschen** floret	**die Spitze** tip	**biologisch** organic	**Verkaufen Sie Biogemüse?** Do you sell organic vegetables?
der Strunk stalk	**der Kern** kernel	**das Herz** heart	**die Plastiktüte** plastic bag	**Werden sie in dieser Gegend angebaut?** Are these grown locally?

die Rauke
rocket

die Brunnenkresse
watercress

der Radicchio
radicchio

der Rosenkohl
Brussels sprout

der Mangold
Swiss chard

der Grünkohl
kale

der Garten-Sauerampfer
sorrel

die Endivie
endive

der Löwenzahn
dandelion

der Spinat
spinach

der Kohlrabi
kohlrabi

der Chinakohl
pak-choi

der Salat
lettuce

der Brokkoli
broccoli

der Kohl
cabbage

der Frühkohl
spring greens

das Gemüse 2 • vegetables 2

die Rübe
turnip

das Radieschen
radish

die Artischocke
artichoke

der Blumenkohl
cauliflower

die Kartoffel
potato

der Spargel
asparagus

der Gartenkürbis
marrow

die Zwiebel
onion

die Paprika
pepper

die Peperoni
chilli

der Mais
sweetcorn

Vokabular • vocabulary

die Kirschtomate cherry tomato	**der Sellerie** celeriac	**tiefgefroren** frozen	**bitter** bitter	**Könnte ich bitte ein Kilo Kartoffeln haben?** Can I have one kilo of potatoes please?
die Karotte carrot	**die Tarowurzel** taro root	**roh** raw	**fest** firm	**Was kostet ein Kilo?** What's the price per kilo?
die Brotfrucht breadfruit	**der Maniok** cassava	**scharf** hot (spicy)	**das Fleisch** flesh	**Wie heißen diese?** What are those called?
die neue Kartoffel new potato	**die Wasserkastanie** water chestnut	**süß** sweet	**die Wurzel** root	

die Süßkartoffel
sweet potato

die Jamswurzel
yam

die Rote Bete
beetroot

die Kohlrübe
swede

der Topinambur
Jerusalem
artichoke

der Meerrettich
horseradish

die Pastinake
parsnip

der Ingwer
ginger

die Aubergine
aubergine

die Tomate
tomato

die Zehe
clove

die Frühlingszwiebel
spring onion

der Lauch
leek

die Schalotte
shallot

der Knoblauch
garlic

die Trüffel
truffle

der Pilz
mushroom

die Gurke
cucumber

die Zucchini
courgette

der Butternusskürbis
butternut squash

der Eichelkürbis
acorn squash

der Kürbis
pumpkin

das Obst 1 • fruit 1

die Zitrusfrüchte • citrus fruit

das Steinobst • stoned fruit

die Orange
orange

die Klementine
clementine

die weiße Haut
pith

die Tangelo
ugli fruit

die Grapefruit
grapefruit

die Mandarine
tangerine

der Schnitz
segment

die Satsuma
satsuma

die Schale
zest

die Limone
lime

die Zitrone
lemon

die Kumquat
kumquat

der Pfirsich
peach

die Nektarine
nectarine

die Aprikose
apricot

die Pflaume
plum

die Kirsche
cherry

die Birne
pear

der Apfel
apple

der Obstkorb | basket of fruit

das Beerenobst und die Melonen • berries and melons

die Erdbeere
strawberry

die Himbeere
raspberry

die Melone
melon

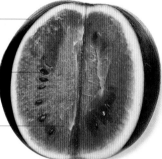

die Weintrauben
grapes

die Johannisbeere
redcurrant

die Schale
rind

die Brombeere
blackberry

**die schwarze
Johannisbeere**
blackcurrant

der Kern
seed

**das
Fruchtfleisch**
flesh

die Preiselbeere
cranberry

die weiße Johannisbeere
white currant

die Wassermelone
watermelon

die Heidelbeere
blueberry

die Loganbeere
loganberry

die Stachelbeere
gooseberry

Vokabular • vocabulary

saftig juicy	**sauer** sour	**knackig** crisp	**kernlos** seedless	**Sind sie reif?** Are they ripe?
die Faser fibre	**frisch** fresh	**faul** rotten	**der Saft** juice	**Könnte ich eine probieren?** Can I try one?
süß sweet	**der Rhabarber** rhubarb	**das Fruchtmark** pulp	**das Kerngehäuse** core	**Wie lange halten sie sich?** How long will they keep?

das Obst 2 • fruit 2

die Mango
mango

die Ananas
pineapple

die Avocado
avocado

die Papaya
papaya

der Pfirsich
peach

die Litschi
lychee

die Kapstachelbeere
cape gooseberry

die Kiwi
kiwifruit

der Kern
pip

die Schale
skin

die Quitte
quince

die Passionsfrucht
passion fruit

die Banane
banana

die Guave
guava

der Granatapfel
pomegranate

die Kaki
persimmon

die Feijoa
feijoa

die Kaktusfeige
prickly pear

die Sternfrucht
starfruit

die Tamarillo
tamarillo

die Nüsse und das Dörrobst • nuts and dried fruit

die Piniennuss
pine nut

die Pistazie
pistachio

die Cashewnuss
cashew nut

die Erdnuss
peanut

die Haselnuss
hazelnut

die Paranuss
brazil nut

die Pecannuss
pecan

die Mandel
almond

die Walnuss
walnut

die Esskastanie
chestnut

die Macadamianuss
macadamia

die Feige
fig

die Dattel
date

die Backpflaume
prune

die Schale
shell

die Sultanine
sultana

die Rosine
raisin

die Korinthe
currant

das
Fruchtfleisch
flesh

die Kokosnuss
coconut

Vokabular • vocabulary

grün green	**hart** hard	**der Kern** kernel	**gesalzen** salted	**geröstet** roasted	**die Südfrüchte** tropical fruit	**geschält** shelled
reif ripe	**weich** soft	**getrocknet** desiccated	**roh** raw	**Saison-** seasonal	**die kandierten Früchte** candied fruit	**ganz** whole

die Getreidearten und die Hülsenfrüchte •
grains and pulses

das Getreide • grains

der Weizen
wheat

der Hafer
oats

die Gerste
barley

Vokabular • vocabulary		
trocken	**frisch**	**Vollkorn**
dry	fresh	wholegrain
die Hülse	**aromatisch**	**Langkorn**
husk	fragranced	long-grain
der Kern	**einweichen**	**Rundkorn**
kernel	soak (v)	short-grain
der Samen	**die Getreideflocken**	**leicht zu kochen**
seed	cereal	easy cook

die Hirse
millet

der Mais
corn

die Reismelde
quinoa

der Reis • rice

der weiße Reis
white rice

der Naturreis
brown rice

der Wasserreis
wild rice

der Milchreis
pudding rice

die verarbeiteten Getreidearten •
processed grains

der Kuskus
couscous

der Weizenschrot
cracked wheat

der Grieß
semolina

die Kleie
bran

die Hülsenfrüchte • pulses

die Mondbohnen
butter beans

die weißen Bohnen
haricot beans

die roten Bohnen
red kidney beans

die Adzuki-bohnen
adzuki beans

die Saubohnen
broad beans

die Sojabohnen
soya beans

die Augenbohnen
black-eyed beans

die Pintobohnen
pinto beans

die Mungbohnen
mung beans

die französischen Bohnen
flageolet beans

die braunen Linsen
brown lentils

die roten Linsen
red lentils

die grünen Erbsen
green peas

die Kichererbsen
chickpeas

die getrockneten Erbsen
split peas

die Körner • seeds

der Kürbiskern
pumpkin seed

das Senfkorn
mustard seed

der Kümmel
caraway

das Sesamkorn
sesame seed

der Sonnenblumenkern
sunflower seed

die Kräuter und Gewürze • herbs and spices

die Gewürze • spices

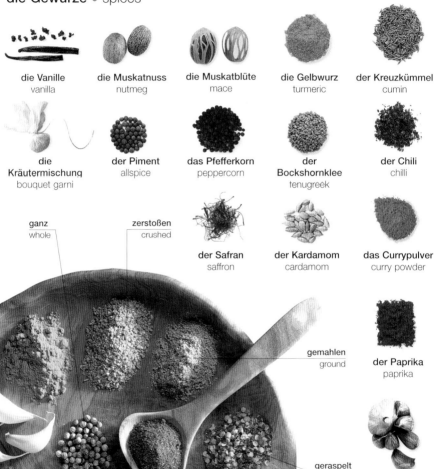

die Vanille
vanilla

die Muskatnuss
nutmeg

die Muskatblüte
mace

die Gelbwurz
turmeric

der Kreuzkümmel
cumin

die Kräutermischung
bouquet garni

der Piment
allspice

das Pfefferkorn
peppercorn

der Bockshornklee
fenugreek

der Chili
chilli

ganz
whole

zerstoßen
crushed

der Safran
saffron

der Kardamom
cardamom

das Currypulver
curry powder

gemahlen
ground

der Paprika
paprika

geraspelt
flakes

der Knoblauch
garlic

die Kräuter • herbs

die Stangen
sticks

der Zimt
cinnamon

die Fenchelsamen
fennel seeds

der Fenchel
fennel

das Lorbeerblatt
bay leaf

die Petersilie
parsley

das Zitronengras
lemon grass

der Schnittlauch
chives

die Minze
mint

der Thymian
thyme

der Salbei
sage

die Gewürznelke
cloves

der Estragon
tarragon

der Majoran
marjoram

das Basilikum
basil

der Rosmarin
rosemary

der Sternanis
star anise

der Ingwer
ginger

der Oregano
oregano

der Koriander
coriander

der Dill
dill

die Nahrungsmittel in Flaschen • bottled foods

das Walnussöl
walnut oil

das Traubenkernöl
grapeseed oil

der Korken
cork

das Sonnenblumenöl
sunflower oil

das Mandelöl
almond oil

das Sesamöl
sesame seed oil

das Haselnussöl
hazelnut oil

das Olivenöl
olive oil

die Kräuter
herbs

das aromatische Öl
flavoured oil

die Öle
oils

der süße Aufstrich • sweet spreads

das Glas
jar

die Honigwabe
honeycomb

der feste Honig
set honey

der Zitronenaufstrich
lemon curd

die Himbeerkonfitüre
raspberry jam

die Orangenmarmelade
marmalade

der flüssige Honig
clear honey

der Ahornsirup
maple syrup

die Soßen und die Kondimente •
sauces and condiments

die Flasche
bottle

der Apfelweinessig
cider vinegar

der Gewürzessig
balsamic vinegar

der englische Senf
English mustard

die Majonäse
mayonnaise

der Ketchup
ketchup

der französische Senf
French mustard

das Chutney
chutney

der Malzessig
malt vinegar

der Weinessig
wine vinegar

der Essig
vinegar

die Soße
sauce

der grobe Senf
wholegrain mustard

das Einmachglas
preserving jar

die Erdnussbutter
peanut butter

der Schokoladenaufstrich
chocolate spread

das eingemachte Obst
preserved fruit

Vokabular • vocabulary

das Pflanzenöl vegetable oil	**das Rapsöl** rapeseed oil
das Maiskeimöl corn oil	**das kaltgepresste Öl** cold-pressed oil
das Erdnussöl groundnut oil	

die Milchprodukte • dairy produce

der Käse • cheese

die Rinde
rind

der mittelharte Käse
semi-hard cheese

der geriebene Käse
grated cheese

der Hartkäse
hard cheese

der halbfeste Käse
semi-soft cheese

der Hüttenkäse
cottage cheese

der Rahmkäse
cream cheese

der Blauschimmelkäse
blue cheese

der Weichkäse
soft cheese

der Frischkäse | fresh cheese

die Milch • milk

die Vollmilch
whole milk

die Halbfettmilch
semi-skimmed milk

die Magermilch
skimmed milk

die Milchtüte
milk carton

die Ziegenmilch
goat's milk

die Kondensmilch
condensed milk

die Kuhmilch | cow's milk

deutsch • english

die Butter
butter

die Margarine
margarine

die Sahne
cream

die fettarme Sahne
single cream

die Schlagsahne
double cream

die Schlagsahne
whipped cream

die saure Sahne
sour cream

der Joghurt
yoghurt

das Eis
ice cream

die Eier • eggs

das Eigelb
yolk

das Eiweiß
egg white

die Eierschale
shell

der Eier becher
egg cup

das gekochte Ei
boiled egg

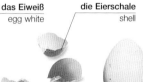

das Gänseei
goose egg

das Hühnerei
hen's egg

das Entenei
duck egg

das Wachtelei
quail egg

Vokabular • vocabulary

pasteurisiert pasteurized	**fettfrei** fat free	**gesalzen** salted	**die Schafmilch** sheep's milk	**die Laktose** lactose	**der Milchshake** milkshake
unpasteurisiert unpasteurized	**das Milchpulver** powdered milk	**ungesalzen** unsalted	**die Buttermilch** buttermilk	**homogenisiert** homogenized	**der gefrorene Joghurt** frozen yoghurt

---

das Brot und das Mehl • breads and flours

das
Scheibenbrot
sliced bread

der Mohn
poppy seeds

das Roggenbrot
rye bread

das Baguette
baguette

die Bäckerei | bakery

Brot backen • making bread

das Weizenmehl
white flour

das Roggenmehl
brown flour

das Vollkornmehl
wholemeal flour

die Hefe
yeast

sieben | sift (v)

verrühren | mix (v)

der Teig
dough

Kneten | knead (v)

backen | bake (v)

die Kruste
crust

der Laib
loaf

die Scheibe
slice

das Weißbrot
white bread

das Graubrot
brown bread

das Vollkornbrot
wholemeal bread

das Mehrkornbrot
granary bread

das Maisbrot
corn bread

das Sodabrot
soda bread

das Sauerteigbrot
sourdough bread

das Fladenbrot
flatbread

der Bagel
bagel

das weiche Brötchen
bap

das Brötchen
roll

das Rosinenbrot
fruit bread

das Körnerbrot
seeded bread

der Naan
naan bread

das Pitabrot
pitta bread

das Knäckebrot
crispbread

Vokabular • vocabulary

das angereicherte Mehl strong flour	**das Paniermehl** breadcrumbs	**gehen lassen** prove (v)	**aufgehen** rise (v)	**der Brotschneider** slicer
das Mehl mit Backpulver self-raising flour	**das Mehl ohne Backpulver** plain flour	**glasieren** glaze (v)	**die Flöte** flute	**der Bäcker** baker

Kuchen und Nachspeisen • cakes and desserts

das Eclair
éclair

der Brandteig
choux pastry

der Blätterteig
puff pastry

die Sahne
cream

der Blätterteig
filo pastry

die Füllung
filling

der englische Kuchen
fruit cake

mit Schokolade überzogen
chocolate coated

das Obsttortelett
fruit tart

der Muffin
muffin

das Baiser
meringue

das Biskuittörtchen
sponge cake

das Gebäck | cakes

Vokabular • vocabulary

die Konditorcreme crème pâtissière	**das Teilchen** bun	**der Teig** pastry	**der Milchreis** rice pudding	**Könnte ich bitte ein Stück haben?** May I have a slice please?
die Schokoladentorte chocolate cake	**der Vanillepudding** custard	**das Stück** slice	**die Feier** celebration	

die Löffelbiskuits
sponge fingers

**das Schokoladen-
stückchen**
chocolate chip

das Trifle
trifle

der Florentiner
Florentine

die Kekse | biscuits

die Mousse
mousse

das Sorbett
sorbet

die Sahnetorte
cream pie

der Karamellpudding
crème caramel

die festlichen Kuchen • celebration cakes

der obere Kuchenteil
top tier

das Band
ribbon

**die
Dekoration**
decoration

**die
Geburtstagskerzen**
birthday candles

ausblasen
blow out (v)

**der untere
Kuchenteil**
bottom tier

**der
Zuckerguss**
icing

**das
Marzipan**
marzipan

die Hochzeitstorte | wedding cake

der Geburtstagskuchen | birthday cake

die Feinkost • delicatessen

die pikante
Wurst
spicy sausage

das Öl
oil

der Essig
vinegar

die Quiche
flan

das frische Fleisch
uncooked meat

die Theker
counter

die Salami
salami

die Pepperoniwurst
pepperoni

die Pastete
pâté

der Mozzarella
mozzarella

der Brie
Brie

der Ziegenkäse
goat's cheese

der Cheddar
cheddar

der Parmesan
Parmesan

der Camembert
Camembert

die Rinde
rind

der Edamer
Edam

der Manchego
Manchego

die Pasteten
pies

die schwarze Olive
black olive

die
Peperoni
chilli

die Soße
sauce

das Brötchen
bread roll

das gekochte
Fleisch
cooked meat

die grüne Olive
green olive

der Schinken
ham

die Sandwichtheke
sandwich counter

der Räucherfisch
smoked fish

die Kapern
capers

Vokabular • vocabulary

in Öl in oil	**mariniert** marinated	**geräuchert** smoked
en saumure in brine	**salé** salted	**getrocknet** cured

Nehmen Sie bitte eine Nummer.
Take a number please.

Kann ich bitte etwas davon probieren?
Can I try some of that please?

Ich hätte gerne sechs Scheiben davon, bitte.
May I have six slices of that please?

die Chorizo
chorizo

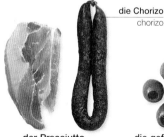

der Prosciutto
prosciutto

die gefüllte Olive
stuffed olive

die Getränke • drinks
das Wasser • water

das
Flaschenwasser
bottled water

mit Kohlensäure
sparkling

ohne Kohlensäure
still

das Leitungswasser
tap water

das Tonicwater
tonic water

das Mineralwasser
mineral water

das Sodawasser
soda water

die heißen Getränke • hot drinks

der Teebeutel
teabag

die Teeblätter
loose leaf tea

der Tee
tea

die Bohnen
beans

der gemahlene Kaffee
ground coffee

der Kaffee
coffee

die heiße Schokolade
hot chocolate

das Malzgetränk
malted drink

die alkoholfreien Getränke • soft drinks

der Strohhalm
straw

der Tomatensaft
tomato juice

der Traubensaft
grape juice

die Limonade
lemonade

die Orangeade
orangeade

die Cola
cola

die alkoholischen Getränke • alcoholic drinks

der Gin
gin

die Dose
can

das Bier
beer

der Apfelwein
cider

das halbdunkle Bier
bitter

der Stout
stout

der Wodka
vodka

der Whisky
whisky

der Rum
rum

der Weinbrand
brandy

der Portwein
port

trocken
dry

der Sherry
sherry

der Campari
Campari

rosé
rosé

weiß
white

rot
red

der Wein
wine

der Likör
liqueur

der Tequila
tequila

der Champagner
champagne

auswärts essen
eating out

das Café • café

der
Sonnenschirm
umbrella

die **Markise**
awning

die
Speisekarte
menu

das Terrassencafé
terrace café

der
Kellner　　**die Kaffeemaschine**　　**der Tisch**
waiter　　coffee machine　　table

das Straßencafé | pavement café

die Snackbar | snack bar

der Kaffee • coffee

der **Kaffee mit Milch**
white coffee

der **schwarze**
Kaffee
black coffee

das
Kakaopulver
cocoa powder

der **Schaum**
froth

der Filterkaffee
filter coffee

der Espresso
espresso

der Cappuccino
cappuccino

der Eiskaffee
iced coffee

der Tee • tea

der Kräutertee
herbal tea

der Kamillentee
camomile tea

der grüne Tee
green tea

der Tee mit Milch
tea with milk

der schwarze Tee
black tea

der Tee mit Zitrone
tea with lemon

der Pfefferminztee
mint tea

der Eistee
iced tea

die Säfte und Milchshakes • juices and milkshakes

der Schokoladenmilchshake
chocolate milkshake

der Erdbeermilchshake
strawberry milkshake

der Orangensaft
orange juice

der Apfelsaft
apple juice

der Ananassaft
pineapple juice

der Tomatensaft
tomato juice

der Kaffeemilchshake
coffee milkshake

das Essen • food

das Graubrot
brown bread

die Kugel
scoop

der getoastete Sandwich
toasted sandwich

der Salat
salad

das Eis
ice cream

das Gebäck
pastry

die Bar • bar

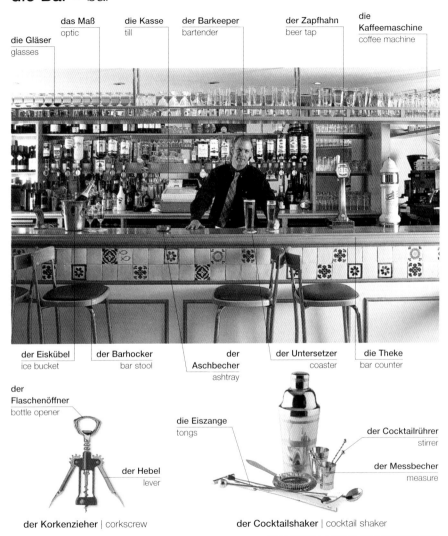

das Maß
optic

die Kasse
till

der Barkeeper
bartender

der Zapfhahn
beer tap

die
Kaffeemaschine
coffee machine

die Gläser
glasses

der Eiskübel
ice bucket

der Barhocker
bar stool

der
Aschbecher
ashtray

der Untersetzer
coaster

die Theke
bar counter

der
Flaschenöffner
bottle opener

die Eiszange
tongs

der Cocktailrührer
stirrer

der Hebel
lever

der Messbecher
measure

der Korkenzieher | corkscrew

der Cocktailshaker | cocktail shaker

der Gin Tonic
gin and tonic

der Krug
pitcher

der Scotch mit Wasser
scotch and water

der Eiswürfel
ice cube

der Rum mit Cola
rum and cola

der Wodka mit Orangensaft
vodka and orange

der Martini
martini

der Cocktail
cocktail

der Wein
wine

das Bier | beer

ein Schnaps
a shot

einfach
single

doppelt
double

das Maß
measure

ohne Eis
without ice

Eis und Zitrone
ice and lemon

mit Eis
with ice

die Knabbereien • bar snacks

die
Cashewnüsse
cashewnuts

die
Erdnüsse
peanuts

die **Mandeln**
almonds

die Kartoffelchips | crisps

die Nüsse | nuts

die Oliven | olives

das Restaurant • restaurant

das Gedeck
table setting

der Hilfskoch
commis chef

das Glas
glass

der Küchenchef
chef

das Tablett
tray

die Küche
kitchen

der Kellner
waiter

Vokabular • vocabulary

das Abendmenü evening menu	**die Spezialitäten** specials	**der Preis** price	**das Trinkgeld** tip	**das Buffet** buffet	**der Kunde** customer
die Weinkarte wine list	**à la carte** à la carte	**die Quittung** receipt	**ohne Bedienung** service not included	**die Bar** bar	**der Pfeffer** pepper
das Mittagsmenü lunch menu	**der Dessertwagen** sweet trolley	**die Rechnung** bill	**Bedienung inbegriffen** service included	**das Salz** salt	

deutsch • english

die Speisekarte
menu

die Kinderportion
child's meal

bestellen
order (v)

bezahlen
pay (v)

die Gänge • courses

der Aperitif
apéritif

die Vorspeise
starter

die Suppe
soup

das Hauptgericht
main course

die Beilage
side order

der Nachtisch | dessert

der Kaffee | coffee

Ein Tisch für zwei Personen bitte.
A table for two please.

Könnte ich bitte die Speisekarte/Weinliste sehen?
Can I see the menu/wine list please?

Gibt es ein Festpreismenü?
Is there a fixed price menu?

Haben Sie vegetarische Gerichte?
Do you have any vegetarian dishes?

Könnte ich die Rechnung/Quittung haben?
Could I have the bill/a receipt please?

Könnten wir getrennt zahlen?
Can we pay separately?

Wo sind die Toiletten bitte?
Where are the toilets, please?

der Schnellimbiss • fast food

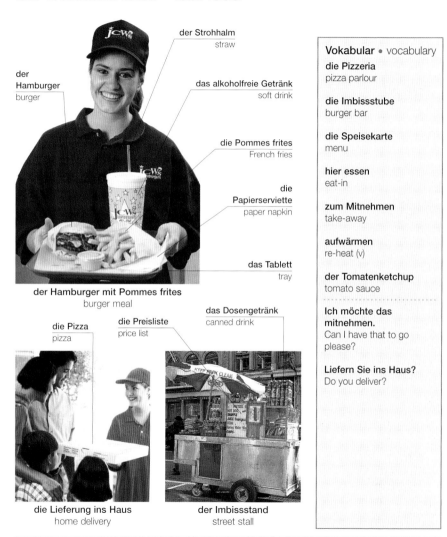

der Strohhalm
straw

das alkoholfreie Getränk
soft drink

der Hamburger
burger

die Pommes frites
French fries

die Papierserviette
paper napkin

das Tablett
tray

der Hamburger mit Pommes frites
burger meal

die Pizza
pizza

die Preisliste
price list

das Dosengetränk
canned drink

die Lieferung ins Haus
home delivery

der Imbissstand
street stall

Vokabular • vocabulary

die Pizzeria
pizza parlour

die Imbissstube
burger bar

die Speisekarte
menu

hier essen
eat-in

zum Mitnehmen
take-away

aufwärmen
re-heat (v)

der Tomatenketchup
tomato sauce

Ich möchte das mitnehmen.
Can I have that to go please?

Liefern Sie ins Haus?
Do you deliver?

das
Brötchen
bun

der Senf
mustard

die Wurst
sausage

der Hamburger
hamburger

der Chickenburger
chicken burger

der vegetarische Hamburger
veggie burger

das Hot Dog
hot dog

der Sandwich
sandwich

der Klubsandwich
club sandwich

die Füllung
filling

das belegte Brot
open sandwich

der Wrap
wrap

die Soße
sauce

salzig
savoury

süß
sweet

der Kebab
kebab

die Hähnchenstückchen
chicken nuggets

die Crêpes | crêpes

der Pizzabelag
topping

der Bratfisch mit Pommes frites
fish and chips

die Rippen
ribs

das gebratene Hähnchen
fried chicken

die Pizza
pizza

das Frühstück • breakfast

die Milch
milk

die Getreide flocken
cereal

die Konfitüre
jam

das Dörrobst
dried fruit

der Schinken
ham

der Käse
cheese

das Knäckebrot
crispbread

das Frühstücksbuffet
breakfast buffet

die Orangenmarmelade
marmalade

die Pastete
pâté

die Butter
butter

der Obstsaft
fruit juice

der Kaffee
coffee

die Schokolade
hot chocolate

das Croissant
croissant

der Tee
tea

der Frühstückstisch | breakfast table

die Getränke | drinks

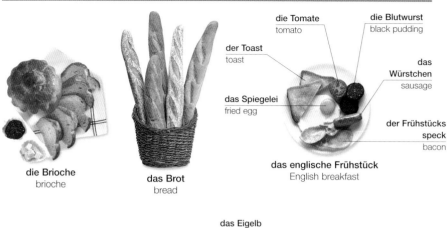

die Tomate
tomato

die Blutwurst
black pudding

der Toast
toast

das Würstchen
sausage

das Spiegelei
fried egg

der Frühstücks speck
bacon

die Brioche
brioche

das Brot
bread

das englische Frühstück
English breakfast

das Eigelb
yolk

die Räucherheringe
kippers

die Armen Ritter
French toast

das gekochte Ei
boiled egg

das Rührei
scrambled eggs

die Sahne
cream

der Früchtejoghurt
fruit yoghurt

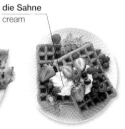

die Pfannkuchen
pancakes

die Waffeln
waffles

der Porridge
porridge

das Obst
fresh fruit

die Hauptmahlzeit • dinner

die **Suppe** | soup

die **Brühe** | broth

der **Eintopf** | stew

das **Curry** | curry

der **Braten**
roast

die **Pastete**
pie

das **Soufflé**
soufflé

der **Schaschlik**
kebab

die **Fleischklöße**
meatballs

das **Omelett**
omelette

das **Schnellbratgericht**
stir-fry

die **Nudeln**
noodles

die **Nudeln** | pasta

der **Reis**
rice

der **gemischte Salat**
mixed salad

der **grüne Salat**
green salad

die **Salatsoße**
dressing

deutsch • english

die Zubereitung • techniques

gefüllt | stuffed

in Soße | in sauce

gegrillt | grilled

mariniert | marinated

pochiert | poached

püriert | mashed

gebacken | baked

kurzgebraten | pan fried

gebraten
fried

eingelegt
pickled

geräuchert
smoked

frittiert
deep-fried

in Saft
in syrup

angemacht
dressed

gedämpft
steamed

getrocknet
cured

das Lernen
study

die Schule • school

die Weißwandtafel
whiteboard

die Lehrerin
teacher

die Schultasche
school bag

der Schüler
pupil

das Pult
desk

das Klassenzimmer | classroom

das Schulmädchen   der Schuljunge
schoolgirl   schoolboy

Vokabular • vocabulary

die Literatur literature	die Kunst art	die Physik physics
die Sprachen languages	die Musik music	die Chemie chemistry
die Erdkunde geography	die Mathematik maths	die Biologie biology
die Geschichte history	die Naturwiss- enschaft science	der Sport physical education

die Aktivitäten • activities

lesen | read (v)

schreiben | write (v)

buchstabieren
spell (v)

zeichnen
draw (v)

die Feder
nib

der Buntstift
colouring pencil

der Anspitzer
pencil
sharpener

der Digitalprojektor
digital projector

der Füller
pen

der Bleistift
pencil

der Radiergummi
rubber

das Heft
notebook

das Schulbuch | textbook

das Federmäppchen
pencil case

das Lineal
ruler

fragen
question (v)

antworten
answer (v)

diskutieren
discuss (v)

lernen
learn (v)

Vokabular • vocabulary

der Schulleiter head teacher	**die Antwort** answer	**die Note** grade
die Stunde lesson	**der Aufsatz** essay	**die Klasse** year
die Frage question	**die Prüfung** examination	**das Lexikon** encyclopedia
Notizen machen take notes (v)	**die Hausaufgabe** homework	**das Wörterbuch** dictionary

die Mathematik • maths

die Formen • shapes

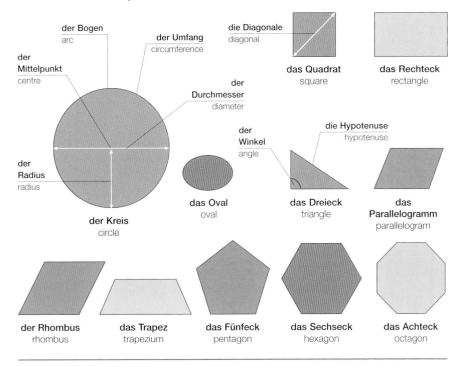

der Bogen
arc

die Diagonale
diagonal

der Umfang
circumference

der Mittelpunkt
centre

der Durchmesser
diameter

das Quadrat
square

das Rechteck
rectangle

der Winkel
angle

die Hypotenuse
hypotenuse

der Radius
radius

das Oval
oval

das Dreieck
triangle

das Parallelogramm
parallelogram

der Kreis
circle

der Rhombus
rhombus

das Trapez
trapezium

das Fünfeck
pentagon

das Sechseck
hexagon

das Achteck
octagon

die Körper • solids

die Seite
side

die Spitze
apex

die Grundfläche
base

der Kegel
cone

der Zylinder
cylinder

der Würfel
cube

die Pyramide
pyramid

die Kugel
sphere

die Linien • lines

| **gerade** | **parallel** | **senkrecht** | **gekrümmt** |
| straight | parallel | perpendicular | curved |

die Maße • measurements

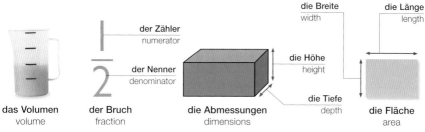

die Breite
width

die Länge
length

der Zähler
numerator

die Höhe
height

der Nenner
denominator

die Tiefe
depth

das Volumen
volume

der Bruch
fraction

die Abmessungen
dimensions

die Fläche
area

die Ausrüstung • equipment

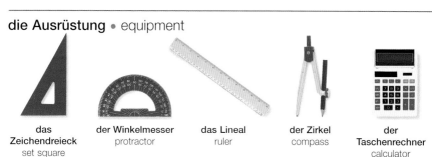

| **das Zeichendreieck** | **der Winkelmesser** | **das Lineal** | **der Zirkel** | **der Taschenrechner** |
| set square | protractor | ruler | compass | calculator |

Vokabular • vocabulary

die Geometrie	**plus**	**mal**	**gleich**	**addieren**	**multiplizieren**	**die Gleichung**
geometry	plus	times	equals	add (v)	multiply (v)	equation
die Arithmetik	**minus**	**geteilt durch**	**zählen**	**subtrahieren**	**dividieren**	**der Prozentsatz**
arithmetic	minus	divided by	count (v)	subtract (v)	divide (v)	percentage

---

die Wissenschaft • science

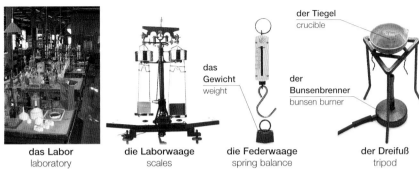

das Labor
laboratory

die Laborwaage
scales

das Gewicht
weight

die Federwaage
spring balance

der Tiegel
crucible

der Bunsenbrenner
bunsen burner

der Dreifuß
tripod

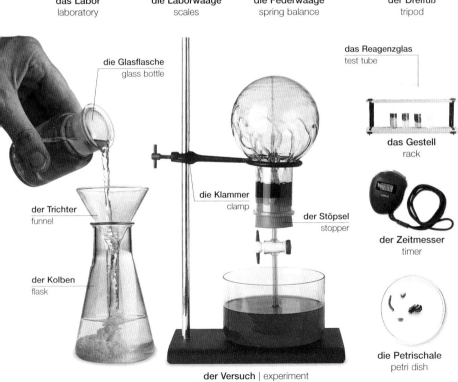

die Glasflasche
glass bottle

das Reagenzglas
test tube

der Trichter
funnel

die Klammer
clamp

das Gestell
rack

der Stöpsel
stopper

der Kolben
flask

der Zeitmesser
timer

die Petrischale
petri dish

der Versuch | experiment

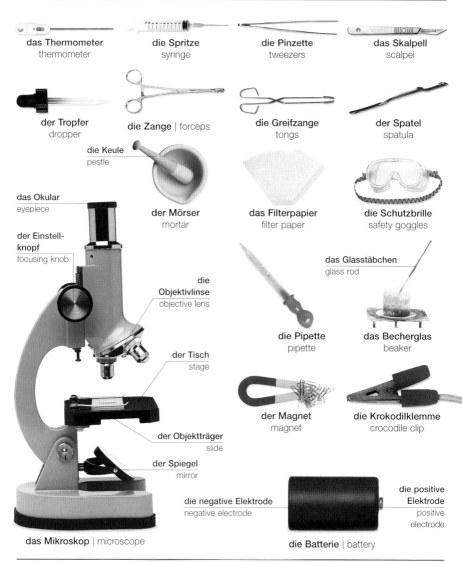

das Thermometer
thermometer

die Spritze
syringe

die Pinzette
tweezers

das Skalpell
scalpel

der Tropfer
dropper

die Zange | forceps

die Greifzange
tongs

der Spatel
spatula

die Keule
pestle

der Mörser
mortar

das Filterpapier
filter paper

die Schutzbrille
safety goggles

das Okular
eyepiece

der Einstell-
knopf
focusing knob

die
Objektivlinse
objective lens

das Glasstäbchen
glass rod

die Pipette
pipette

das Becherglas
beaker

der Tisch
stage

der Magnet
magnet

die Krokodilklemme
crocodile clip

der Objektträger
slide

der Spiegel
mirror

die negative Elektrode
negative electrode

die positive
Elektrode
positive
electrode

das Mikroskop | microscope

die Batterie | battery

die Hochschule • college

das Sekretariat
admissions

die Mensa
refectory

die Gesundheits-
fürsorge
health centre

der
Sportplatz
sports field

das
Studenten-
wohnheim
hall of
residence

der Campus | campus

Vokabular • vocabulary

der Leserausweis library card	**die Auskunft** enquiries	**verlängern** renew (v)
der Lesesaal reading room	**ausleihen** borrow (v)	**das Buch** book
die Literaturliste reading list	**vorbestellen** reserve (v)	**der Titel** title
das Rückgabedatum return date	**die Ausleihe** loan	**der Gang** aisle

die Bibliothekarin
librarian

die Ausleihe
loans desk

das Bücher
regal
bookshelf

das
Periodikum
periodical

die
Zeitschrift
journal

die Bibliothek | library

der Student
undergraduate

der Dozent
lecturer

die Graduierte
graduate

die Robe
robe

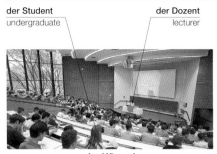

der Hörsaal
lecture theatre

die Graduierungsfeier
graduation ceremony

die Fachhochschulen • schools

das Model
model

die Kunsthochschule
art college

die Musikhochschule
music school

die Tanzakademie
dance academy

Vokabular • vocabulary

das Stipendium scholarship	**die Forschung** research	**die Examensarbeit** dissertation	**die Medizin** medicine	**die Philosophie** philosophy
postgraduiert postgraduate	**der Magister** master's	**der Fachbereich** department	**die Zoologie** zoology	**die Politologie** politics
das Diplom diploma	**die Promotion** doctorate	**der Maschinenbau** engineering	**die Physik** physics	**die Literatur** literature
der akademische Grad degree	**die Dissertation** thesis	**die Kunstgeschichte** history of art	**die Rechtswissenschaft** law	
			die Wirtschaftswissenschaft economics	

die Arbeit
work

das Büro 1 • office 1

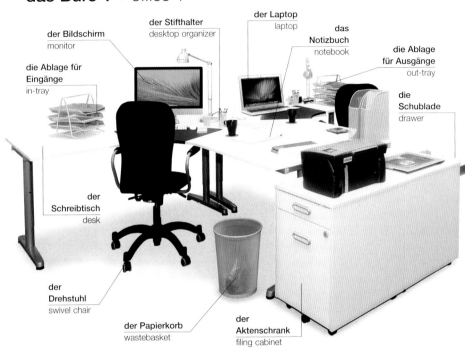

der Bildschirm
monitor

der Stifthalter
desktop organizer

der Laptop
laptop

das Notizbuch
notebook

die Ablage für Ausgänge
out-tray

die Ablage für Eingänge
in-tray

die Schublade
drawer

der Schreibtisch
desk

der Drehstuhl
swivel chair

der Papierkorb
wastebasket

der Aktenschrank
filing cabinet

die Büroausstattung • office equipment

der Papierbehälter
paper tray

der Drucker | printer

der Aktenvernichter | shredder

Vokabular • vocabulary	
drucken print (v)	**vergrößern** enlarge (v)
kopieren copy (v)	**verkleinern** reduce (v)

Ich möchte fotokopieren.
I need to make some copies.

der Bürobedarf • office supplies

der Empfehlungszettel
compliments slip

der Aktenordner
box file

der Geschäftsbogen
letterhead

der Briefumschlag
envelope

der Kartenreiter
tab

der Teiler
divider

das Klemmbrett
clipboard

der Notizblock
note pad

der Hängeordner
hanging file

der Fächerordner
concertina file

der Leitz-Ordner
lever arch file

die Klammern
staples

der Tesafilm
sticky tape

das Stempelkissen
ink pad

der Terminkalender
personal organizer

der Hefter
stapler

der Tesafilmhalter
tape dispenser

der Locher
hole punch

der Stempel
rubber stamp

der Reißnagel
drawing pin

das Gummiband
rubber band

die Papierklammer
bulldog clip

die Büroklammer
paper clip

die Pinnwand | notice board

das Büro 2 • office 2

das Flipchart
flip chart

das Gestell
easel

das Protokoll
minutes

der Bericht
report

der Manager
manager

das Angebot
proposal

der leitende Angestellte
executive

die Sitzung | meeting

Vokabular • vocabulary

der Sitzungsraum
meeting room

teilnehmen
attend (v)

die Tagesordnung
agenda

den Vorsitz führen
chair (v)

Um wieviel Uhr ist die Sitzung?
What time is the meeting?

Was sind Ihre Geschäftszeiten?
What are your office hours?

die Sprecherin
speaker

die Präsentation | presentation

das Geschäft • business

der Geschäftsmann
businessman

die Geschäftsfrau
businesswoman

das Arbeitsessen
business lunch

die Geschäftsreise
business trip

der Termin
appointment

die Kundin
client

der Geschäftsführer
managing director

der Terminkalender | diary

das Geschäftsabkommen
business deal

Vokabular • vocabulary

die Firma company	**das Personal** staff	**die Buchhaltung** accounts department	**die Rechtsabteilung** legal department
die Zentrale head office	**die Lohnliste** payroll	**die Marketingabteilung** marketing department	**die Kundendienstabteilung** customer service department
die Zweigstelle branch	**das Gehalt** salary	**die Verkaufsabteilung** sales department	**die Personalabteilung** human resources department

der Computer • computer

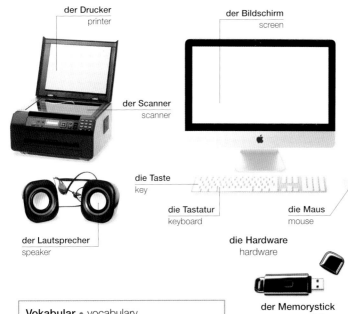

der Drucker
printer

der Bildschirm
screen

der Scanner
scanner

der Laptop
laptop

die Taste
key

die Tastatur
keyboard

die Maus
mouse

der Lautsprecher
speaker

die Hardware
hardware

Vokabular • vocabulary		
das RAM RAM	die Software software	der Server server
die Bytes bytes	das Programm program	der Port port
das System system	das Netzwerk network	der Prozessor processor
der Speicher memory	die Anwendung application	das Stromkabel power cable

der Memorystick
memory stick

die externe Festplatte
external hard drive

das Tablet
tablet

das Smartphone
smartphone

das Desktop • desktop

der Menübalken
menubar

die Schriftart
font

die Werkzeugleiste
toolbar

der Bildschirm-hintergrund
wallpaper

das Symbol
icon

der Scrollbalken
scrollbar

das Fenster
window

die Datei
file

der Ordner
folder

der Papierkorb
trash

das Internet • internet

der Browser
browser

browsen
browse (v)

die Webseite
website

die E-Mail • email

die E-Mail-Adresse
email address

der Posteingang
inbox

Vokabular • vocabulary

verbinden connect (v)	der Serviceprovider service provider	einloggen log on (v)	herunterladen download (v)	senden send (v)	sichern save (v)
installieren install (v)	das E-Mail-Konto email account	online online	der Anhang attachment	erhalten receive (v)	suchen search (v)

die Medien • media

das Fernsehstudio • television studio

die
Studioeinrichtung
set

der
Moderator
presenter

die
Beleuchtung
light

die Kamera
camera

der Kamerakran
camera crane

der Kameramann
cameraman

Vokabular • vocabulary

der Kanal channel	**die Nachrichten** news	**die Presse** press	**senden** broadcast (v)	**live** live	**der Zeichentrickfilm** cartoon
die Programm–gestaltung programming	**der Dokumentarfilm** documentary	**die Fernsehserie** television series	**die Spielshow** game show	**vorher aufgezeichnet** prerecorded	**die Seifenoper** soap

deutsch • english

der Interviewer
interviewer

die Reporterin
reporter

der Teleprompter
autocue

die Nachrichtensprecherin
newsreader

die Schauspieler
actors

der Mikrophongalgen
sound boom

die Klappe
clapper board

das Set
film set

das Radio • radio

der Tonmeister
sound technician

das Mischpult
mixing desk

das Mikrophon
microphone

das Tonstudio | recording studio

Vokabular • vocabulary

der DJ DJ	**die Mittelwelle** medium wave
die Sendung broadcast	**die Frequenz** frequency
die Wellenlänge wavelength	**die Lautstärke** volume
die Langwelle long wave	**analog** analogue
die Rundfunkstation radio station	**digital** digital
die Kurzwelle short wave	**einstellen** tune (v)

das Recht • law

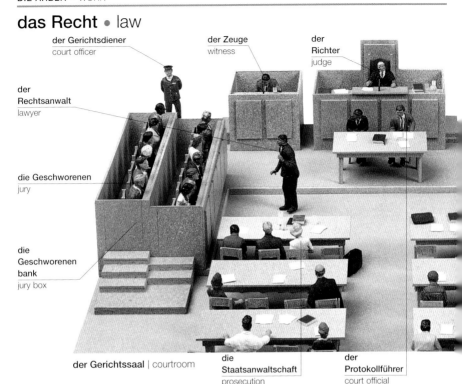

der Gerichtsdiener
court officer

der Zeuge
witness

der Richter
judge

der Rechtsanwalt
lawyer

die Geschworenen
jury

die Geschworenen bank
jury box

der Gerichtssaal | courtroom

die Staatsanwaltschaft
prosecution

der Protokollführer
court official

Vokabular • vocabulary

das Anwaltsbüro
lawyer's office

die Rechtsberatung
legal advice

der Klient
client

die Vorladung
summons

die Aussage
statement

der Haftbefehl
warrant

die Verfügung
writ

der Gerichtstermin
court date

das Plädoyer
plea

das Gerichtsverfahren
court case

die Anklage
charge

der Angeklagte
accused

der
Gerichtsstenograf
stenographer

der Verdächtige
suspect

der Angeklagte
defendant

die Verteidigung
defence

der
Straftäter
criminal

das Phantombild
photofit

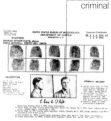

das Strafregister
criminal record

der Gefängniswärter
prison guard

die Gefängniszelle
cell

das Gefängnis
prison

Vokabular • vocabulary

das Beweismittel evidence	schuldig guilty	die Kaution bail	Ich möchte mit einem Anwalt sprechen. I want to see a lawyer.
das Urteil verdict	freigesprochen acquitted	die Berufung appeal	Wo ist das Gericht? Where is the courthouse?
unschuldig innocent	das Strafmaß sentence	die Haftentlassung auf Bewährung parole	Kann ich die Kaution leisten? Can I post bail?

der Bauernhof 1 • farm 1

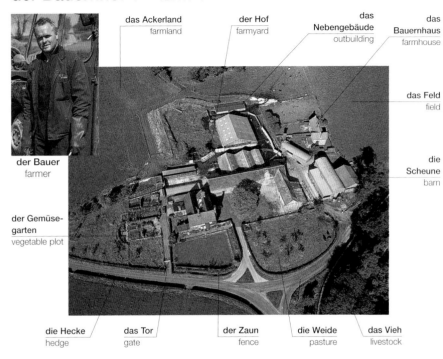

das Ackerland
farmland

der Hof
farmyard

das Nebengebäude
outbuilding

das Bauernhaus
farmhouse

das Feld
field

die Scheune
barn

der Bauer
farmer

der Gemüse-garten
vegetable plot

die Hecke
hedge

das Tor
gate

der Zaun
fence

die Weide
pasture

das Vieh
livestock

der Kultivator
cultivator

der Traktor | tractor

der Mähdrescher | combine harvester

die landwirtschaftlichen Betriebe • types of farm

die Feldfrucht
crop

die Herde
flock

der Ackerbaubetrieb
arable farm

der Betrieb für Milchproduktion
dairy farm

die Schaffarm
sheep farm

die Hühnerfarm
poultry farm

der Weinstock
vine

die Schweinefarm
pig farm

die Fischzucht
fish farm

der Obstbau
fruit farm

der Weinberg
vineyard

die Tätigkeiten • actions

die Furche
furrow

pflügen
plough (v)

säen
sow (v)

melken
milk (v)

füttern
feed (v)

Vokabular • vocabulary		
das Herbizid herbicide	**die Herde** herd	**der Trog** trough
das Pestizid pesticide	**der Silo** silo	**pflanzen** plant (v)

bewässern | water (v)

ernten | harvest (v)

der Bauernhof 2 • farm 2

die Feldfrüchte • crops

der Weizen
wheat

der Mais
corn

die Gerste
barley

der Raps
rapeseed

die Sonnenblume
sunflower

der Ballen
bale

das Heu
hay

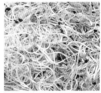

die Luzerne
alfalfa

der Tabak
tobacco

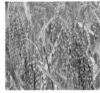

der Reis
rice

der Tee
tea

der Kaffee
coffee

der Flachs
flax

das Zuckerrohr
sugarcane

die Baumwolle
cotton

die Vogelscheuche
scarecrow

das Vieh • livestock

das Ferkel
piglet

das Kalb
calf

das Schwein
pig

die Kuh
cow

der Stier
bull

das Schaf
sheep

das Zicklein
kid

das Fohlen
foal

das Lamm
lamb

die Ziege
goat

das Pferd
horse

der Esel
donkey

das Küken
chick

das Entenküken
duckling

das Huhn
chicken

der Hahn
cockerel

der Truthahn
turkey

die Ente
duck

der Stall
stable

der Pferch
pen

der Hühnerstall
chicken coop

der Schweinestall
pigsty

der Bau • construction

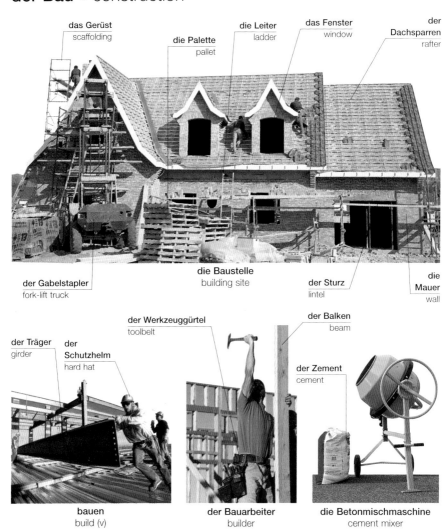

das Gerüst
scaffolding

die Palette
pallet

die Leiter
ladder

das Fenster
window

der
Dachsparren
rafter

der Gabelstapler
fork-lift truck

die Baustelle
building site

der Sturz
lintel

die
Mauer
wall

der Werkzeuggürtel
toolbelt

der Balken
beam

der Träger
girder

der
Schutzhelm
hard hat

der Zement
cement

bauen
build (v)

der Bauarbeiter
builder

die Betonmischmaschine
cement mixer

das Material • materials

der Ziegelstein
brick

das Bauholz
timber

der Dachziegel
roof tile

der Baustein
breeze block

die Werkzeuge • tools

der Mörtel
mortar

die Kelle
trowel

die Wasserwaage
spirit level

der Stiel
handle

der Vorschlaghammer
sledgehammer

die Spitzhacke
pickaxe

die Schaufel
shovel

die Maschinen • machinery

die Walze
roadroller

der Kipper
dumper truck

die Stütze
support

der Haken
hook

der Kran | crane

die Straßenarbeiten • roadworks

der Asphalt
tarmac

der Leitkegel
cone

der Pressluftbohrer
pneumatic drill

der Neubelag
resurfacing

der Bagger
mechanical digger

die Berufe 1 • occupations 1

der Schreiner
carpenter

der Elektriker
electrician

der Klempner
plumber

der Maurer
builder

der Gärtner
gardener

der Staubsauger
vacuum cleaner

der Gebäudereiniger
cleaner

der Mechaniker
mechanic

der Metzger
butcher

der Friseur
hairdresser

die Fischhändlerin
fishmonger

der Gemüsehändler
greengrocer

die Floristin
florist

der Friseur
barber

der Juwelier
jeweller

die Verkäuferin
shop assistant

die Immobilienmaklerin
estate agent

der Optiker
optician

die Maske
mask

die Zahnärztin
dentist

der Arzt
doctor

die Apothekerin
pharmacist

die Krankenschwester
nurse

die Tierärztin
vet

der Landwirt
farmer

der Fischer
fisherman

das
Maschinen-
gewehr
machine
gun

der Soldat
soldier

der Polizist
policeman

das Abzeichen
identity badge

die Uniform
uniform

der Wächter
security guard

der Seemann
sailor

der Feuerwehrmann
fireman

die Berufe 2 • occupations 2

die Rechtsanwältin
lawyer

der Wirtschaftsprüfer
accountant

das Modell
model

der Architekt
architect

die Wissenschaftlerin
scientist

die Lehrerin
teacher

der Bibliothekar
librarian

die Empfangsdame
receptionist

die Posttasche
mailbag

der Briefträger
postman

der Busfahrer
bus driver

der Lastwagenfahrer
lorry driver

der Taxifahrer
taxi driver

der Pilot
pilot

die Flugbegleiterin
air stewardess

die Reisebürokauffrau
travel agent

die Kochmütze
chef's hat

der Koch
chef

das
Ballett
röckchen
tutu

der Musiker
musician

die Tänzerin
dancer

die Schauspielerin
actress

die Sängerin
singer

die Kellnerin
waitress

der Barkeeper
bartender

der Sportler
sportsman

der Bildhauer
sculptor

die Malerin
painter

der Fotograf
photographer

die Nachrichtensprecherin
newsreader

die Notizen
notes

der Journalist
journalist

die Redakteurin
editor

der Designer
designer

die Damenschneiderin
seamstress

der Schneider
tailor

der Verkehr
transport

die Straßen • roads

die Autobahn
motorway

die Mautstelle
toll booth

die Straßen-
markierungen
road markings

die
Zufahrtsstraße
slip road

Einbahn-
one-way

die Verkehrsinsel
divider

die Kreuzung
junction

die
Verkehrs-
ampel
traffic light

der
Lastwagen
lorry

der Mittelstreifen
central reservation

die rechte Spur
inside lane

die mittlere Spur
middle lane

die Überholspur
outside lane

die Ausfahrt
exit ramp

der Verkehr
traffic

die
Überführung
flyover

der Seitenstreifen
hard shoulder

die Unterführung
underpass

die Notrufsäule
emergency phone

der
Behindertenparkplatz
disabled parking

der Verkehrsstau
traffic jam

der
Fußgängerüberweg
pedestrian crossing

das Navi
satnav

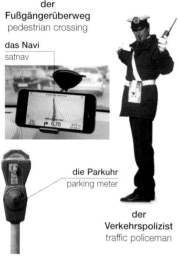

die Parkuhr
parking meter

der
Verkehrspolizist
traffic policeman

Vokabular • vocabulary

parken park (v)	**die Umleitung** diversion	**der Kreisverkehr** roundabout
überholen overtake (v)	**die Leitplanke** crash barrier	**Ist dies die Straße nach...?** Is this the road to...?
rückwärts fahren reverse (v)	**die Straßenbaustelle** roadworks	**Wo kann ich parken?** Where can I park?
fahren drive (v)	**die Schnellstraße** dual carriageway	
die abschleppen tow away (v)		

die Verkehrsschilder • road signs

keine Einfahrt
no entry

die Geschwindig-
keitsbegrenzung
speed limit

Gefahr
hazard

Halten
verboten
no stopping

rechts abbiegen
verboten
no right turn

der Bus • bus

der
Fahrersitz
driver's seat

der Haltegriff
handrail

die Automatiktür
automatic door

das Vorderrad
front wheel

das Gepäckfach
luggage hold

die Tür | door

der Reisebus | coach

die Bustypen • types of buses

die Liniennummer
route number

der Fahrer
driver

der Obus
trolley bus

der Doppeldecker
double-decker bus

die Straßenbahn
tram

der Schulbus | school bus

das Hinterrad
rear wheel

das Fenster
window

der Halteknopf
stop button

der Fahrschein
bus ticket

die Klingel
bell

der Busbahnhof
bus station

die
Bushaltestelle
bus stop

Vokabular • vocabulary

der Fahrpreis fare	der Rollstuhlzugang wheelchair access
der Fahrplan timetable	das Wartehäuschen bus shelter
Halten Sie am…? Do you stop at…?	Welcher Bus fährt nach…? Which bus goes to…?

der Kleinbus
minibus

der Touristenbus | tourist bus

der Zubringer | shuttle bus

das Auto 1 • car 1

das Äußere • exterior

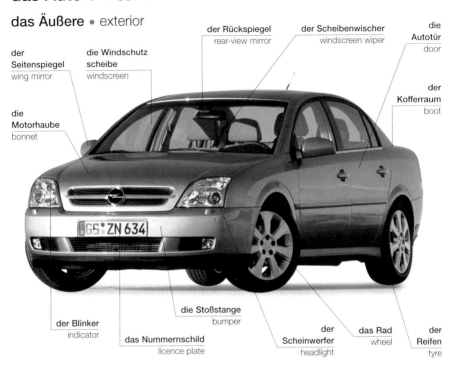

der Rückspiegel
rear-view mirror

der Scheibenwischer
windscreen wiper

die Autotür
door

der Seitenspiegel
wing mirror

die Windschutzscheibe
windscreen

der Kofferraum
boot

die Motorhaube
bonnet

der Blinker
indicator

die Stoßstange
bumper

das Nummernschild
licence plate

der Scheinwerfer
headlight

das Rad
wheel

der Reifen
tyre

das Gepäck
luggage

der Dachgepäckträger
roof rack

die Hecktür
tailgate

der Sicherheitsgurt
seat belt

der Kindersitz
child seat

die Wagentypen • types

das Elektroauto
electric car

die Fließhecklimousine
hatchback

die Limousine
saloon

der Kombiwagen
estate

das Kabriolett
convertible

das Sportkabriolett
sports car

**die Großraum-
limousine**
people carrier

der Geländewagen
four-wheel drive

das Vorkriegsmodell
vintage

die verlängerte Limousine
limousine

die Tankstelle • petrol station

die Zapfsäule
petrol pump

der Benzinpreis
price

der Tankstellenplatz
forecourt

Vokabular • vocabulary

das Benzin petrol	**verbleit** leaded	**die Autowaschanlage** car wash
bleifrei unleaded	**das Öl** oil	**das Frostschutzmittel** antifreeze
die Werkstatt garage	**der Diesel** diesel	**die Scheibenwasch anlage** screenwash

Voll tanken, bitte.
Fill the tank, please.

das Auto 2 • car 2

die Innenausstattung • interior

der Rücksitz
back seat

die Armstütze
armrest

die Kopfstütze
headrest

die
Türverriegelung
door lock

der Türgriff
handle

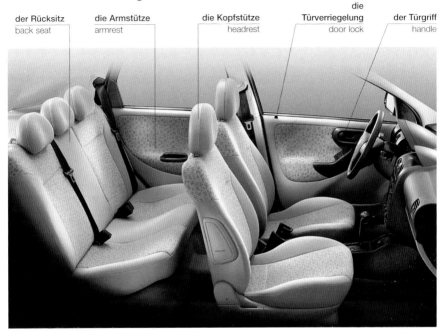

Vokabular • vocabulary

zweitürig two-door	**viertürig** four-door	**die Zündung** ignition	**die Bremse** brake	**das Gaspedal** accelerator
dreitürig three-door	**mit** **Handschaltung** manual	**mit** **Automatik** automatic	**die** **Kupplung** clutch	**die Klimaanlage** air conditioning

Wie komme ich nach…?
Can you tell me the way to…?

Wo ist hier ein Parkplatz?
Where is the car park?

Kann ich hier parken?
Can I park here?

die Armaturen • controls

das **Lenkrad** steering wheel

die **Hupe** horn

das **Armaturenbrett** dashboard

die **Warnlichter** hazard lights

das **GPS-System** satellite navigation

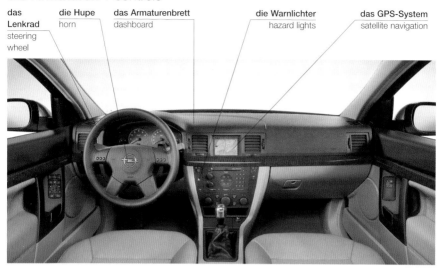

die **Linkssteuerung** | left-hand drive

die **Temperaturanzeige** temperature gauge

der **Drehzahlmesser** rev counter

der **Tachometer** speedometer

die **Kraftstoffanzeige** fuel gauge

die **Autostereoanlage** car stereo

der **Lichtschalter** lights switch

der **Kilometerzähler** odometer

der **Heizungsregler** heater controls

der **Airbag** air bag

der **Schalthebel** gearstick

die **Rechtssteuerung** | right-hand drive

das Auto 3 • car 3

die Mechanik • mechanics

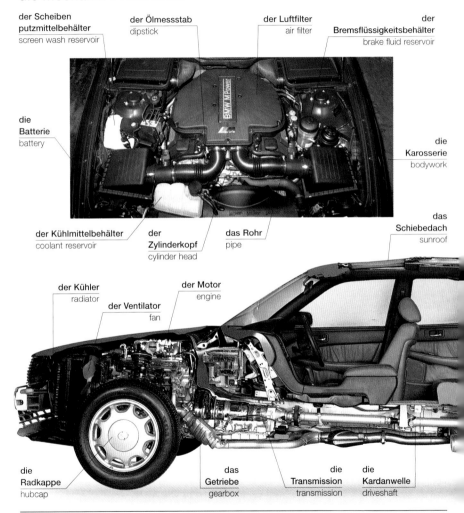

der Scheiben
putzmittelbehälter
screen wash reservoir

der Ölmessstab
dipstick

der Luftfilter
air filter

der
Bremsflüssigkeitsbehälter
brake fluid reservoir

die
Batterie
battery

die
Karosserie
bodywork

der Kühlmittelbehälter
coolant reservoir

der
Zylinderkopf
cylinder head

das Rohr
pipe

das
Schiebedach
sunroof

der Kühler
radiator

der Ventilator
fan

der Motor
engine

die
Radkappe
hubcap

das
Getriebe
gearbox

die
Transmission
transmission

die
Kardanwelle
driveshaft

die Reifenpanne • puncture

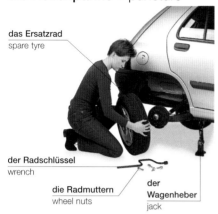

das Ersatzrad
spare tyre

der Radschlüssel
wrench

die Radmuttern
wheel nuts

der Wagenheber
jack

ein Rad wechseln
change a wheel (v)

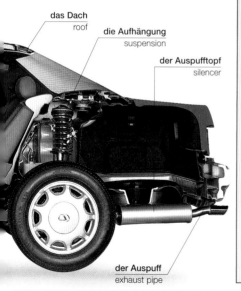

das Dach
roof

die Aufhängung
suspension

der Auspufftopf
silencer

der Auspuff
exhaust pipe

Vokabular • vocabulary

der Autounfall
car accident

die Panne
breakdown

die Versicherung
insurance

der Abschleppwagen
tow truck

der Mechaniker
mechanic

der Reifendruck
tyre pressure

der Sicherungskasten
fuse box

die Zündkerze
spark plug

der Keilriemen
fan belt

der Benzintank
petrol tank

der Nockenriemen
cam belt

der Turbolader
turbocharger

der Verteiler
distributor

die Einstellung
timing

das Chassis
chassis

die Handbremse
handbrake

die Lichtmaschine
alternator

Ich habe eine Panne.
I've broken down.

Mein Auto springt nicht an.
My car won't start.

das Motorrad • motorbike

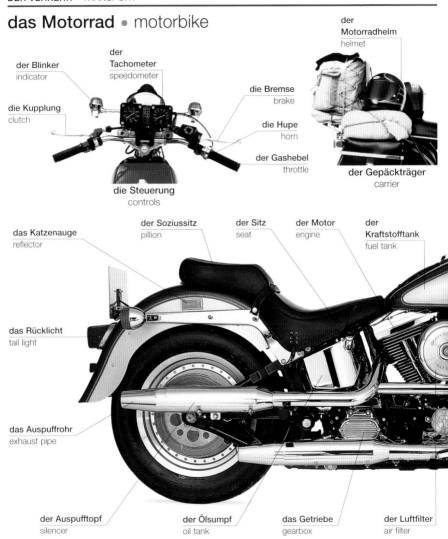

der
Motorradhelm
helmet

der Blinker
indicator

der
Tachometer
speedometer

die Bremse
brake

die Kupplung
clutch

die Hupe
horn

der Gashebel
throttle

der Gepäckträger
carrier

die Steuerung
controls

das Katzenauge
reflector

der Soziussitz
pillion

der Sitz
seat

der Motor
engine

der
Kraftstofftank
fuel tank

das Rücklicht
tail light

das Auspuffrohr
exhaust pipe

der Auspufftopf
silencer

der Ölsumpf
oil tank

das Getriebe
gearbox

der Luftfilter
air filter

das Visier
visor

der Lederanzug
leathers

der
Leuchtstreifen
reflector strap

der
Knieschützer
knee pad

die Kleidung | clothing

der Scheinwerfer
headlight

die
Aufhängung
suspension

das
Schutzblech
mudguard

das Bremspedal
brake pedal

die Achse
axle

der Reifen
tyre

die Typen • types

die Rennmaschine | racing bike

die Windschutzscheibe
windshield

der Tourer | tourer

das Geländemotorrad | dirt bike

der Motor
radständer
stand

der Roller | scooter

das Fahrrad • bicycle

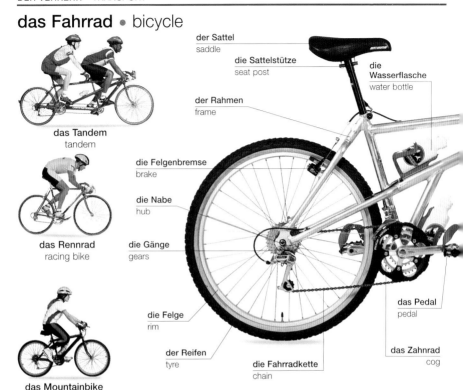

der Sattel
saddle

die Sattelstütze
seat post

die Wasserflasche
water bottle

der Rahmen
frame

die Felgenbremse
brake

die Nabe
hub

die Gänge
gears

die Felge
rim

der Reifen
tyre

die Fahrradkette
chain

das Pedal
pedal

das Zahnrad
cog

das Tandem
tandem

das Rennrad
racing bike

das Mountainbike
mountain bike

der Fahrradhelm
helmet

das Tourenfahrrad
touring bike

das Straßenrad
road bike

der Fahrradweg | cycle lane

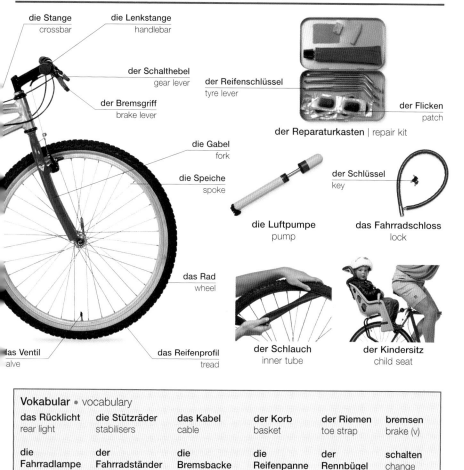

die Stange
crossbar

die Lenkstange
handlebar

der Schalthebel
gear lever

der Reifenschlüssel
tyre lever

der Bremsgriff
brake lever

der Flicken
patch

der Reparaturkasten | repair kit

die Gabel
fork

die Speiche
spoke

der Schlüssel
key

die Luftpumpe
pump

das Fahrradschloss
lock

das Rad
wheel

das Ventil
alve

das Reifenprofil
tread

der Schlauch
inner tube

der Kindersitz
child seat

Vokabular • vocabulary

das Rücklicht rear light	**die Stützräder** stabilisers	**das Kabel** cable	**der Korb** basket	**der Riemen** toe strap	**bremsen** brake (v)
die Fahrradlampe lamp	**der Fahrradständer** kickstand	**die Bremsbacke** brake block	**die Reifenpanne** puncture	**der Rennbügel** toe clip	**schalten** change gear (v)
der Rückstrahler reflector	**der Fahrradständer** bike rack	**das Kettenzahnrad** sprocket	**der Dynamo** dynamo	**treten** pedal (v)	**Rad fahren** cycle (v)

der Zug • train

der Wagen
carriage

der Bahnsteig
platform

der Kofferkuli
trolley

die Gleisnummer
platform number

der Pendler
commuter

der Bahnhof | train station

die Zugtypen • types of train

die Dampflokomotive
steam train

die Lokomotive
engine

der Führerstand
driver's cab

die Schiene
rail

die Diesellokomotive | diesel train

die Elektrolokomotive
electric train

der Hochgeschwindigkeitszug
high-speed train

die Einschienenbahn
monorail

die U-Bahn
underground train

die Straßenbahn
tram

der Güterzug
freight train

die Gepäckablage
luggage rack

das Zugfenster
window

das Gleis
track

die Tür   der Sitz
door   seat

das Abteil
compartment

der Lautsprecher
public address system

die Eingangssperre
ticket barrier

der
Fahrplan
timetable

die Fahrkarte
ticket

der Speisewagen | dining car

die Bahnhofshalle | concourse

das Schlafabteil
sleeping compartment

Vokabular • vocabulary

das Bahnnetz rail network	**der U-Bahnplan** underground map	**der Fahrkartenschalter** ticket office	**die stromführende Schiene** live rail
der Intercity inter-city train	**die Verspätung** delay	**der Schaffner** ticket inspector	**das Signal** signal
die Stoßzeit rush hour	**der Fahrpreis** fare	**umsteigen** change (v)	**die Notbremse** emergency lever

das Flugzeug • aircraft

das Verkehrsflugzeug • airliner

der Bug
nose

das Cockpit
cockpit

das Triebwerk
engine

der Rumpf
fuselage

die Tragfläche
wing

das Heck
tail

das Seitenruder
rudder

der Ausgang
exit

das Bugfahrwerk
nosewheel

das Hauptfahrwerk
landing gear

das Querruder
aileron

das Seiten leitwerk
fin

das Höhen leitwerk
tailplane

die Kabine • cabin

der Notausgang
emergency exit

die Flugbegleiterin
flight attendant

das Gepäckfach
overhead locker

das Fenster
window

die Luftdüse
air vent

die Leselampe
reading light

der Sitz
seat

die Reihe
row

der Klapptisch
tray-table

die Armlehne
armrest

der Gang
aisle

die Rückenlehne
seat back

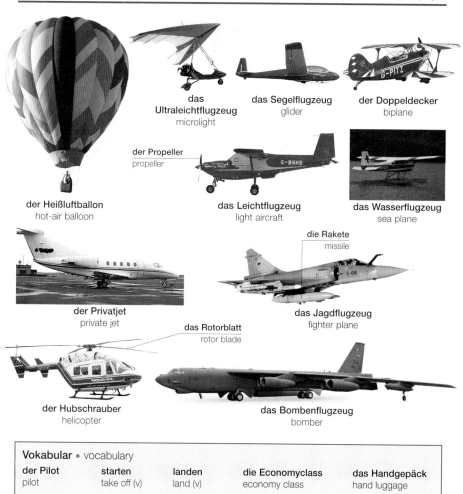

das **Ultraleichtflugzeug**
microlight

das Segelflugzeug
glider

der Doppeldecker
biplane

der Propeller
propeller

der Heißluftballon
hot-air balloon

das Leichtflugzeug
light aircraft

das Wasserflugzeug
sea plane

die Rakete
missile

der Privatjet
private jet

das Jagdflugzeug
fighter plane

das Rotorblatt
rotor blade

der Hubschrauber
helicopter

das Bombenflugzeug
bomber

Vokabular • vocabulary

der Pilot pilot	**starten** take off (v)	**landen** land (v)	**die Economyclass** economy class	**das Handgepäck** hand luggage
der Kopilot co-pilot	**fliegen** fly (v)	**die Höhe** altitude	**die Businessclass** business class	**der Sicherheitsgurt** seat belt

der Flughafen • airport

das Vorfeld
apron

der
Gepäckanhänger
baggage trailer

der Terminal
terminal

das Versorgungsfahrzeug
service vehicle

die Fluggastbrücke
jetway

das Verkehrsflugzeug | airliner

Vokabular • vocabulary

das Gepäckband carousel	die Flugnummer flight number	die Start- und Landebahn runway	der Urlaub holiday
der Auslandsflug international flight	die Einwanderung immigration	die Sicherheitsvorkehrungen security	einen Flug buchen book a flight (v)
der Inlandsflug domestic flight	der Zoll customs	die Gepäckröntgenmaschine x-ray machine	einchecken check in (v)
die Flugverbindung connection	das Übergepäck excess baggage	der Urlaubsprospekt holiday brochure	der Kontrollturm control tower

das Handgepäck
hand luggage

das Gepäck
luggage

der Kofferkuli
trolley

der Abfertigungsschalter
check-in desk

das Visum
visa

der Pass | passport

die Passkontrolle
passport control

die Bordkarte
boarding pass

das Flugticket
ticket

die Gatenummer
gate number

der Abflug
departures

die Abflughalle
departure lounge

das Reiseziel
destination

die Ankunft
arrivals

die Fluginformationsanzeige
information screen

der Duty-free-Shop
duty-free shop

die Gepäckausgabe
baggage reclaim

der Taxistand
taxi rank

der Autoverleih
car hire

deutsch • english

das Schiff • ship

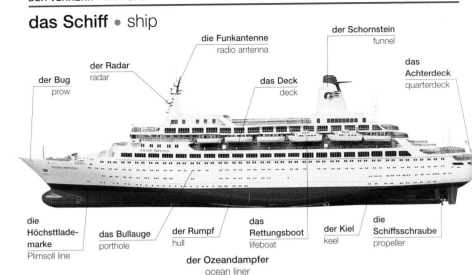

die Funkantenne
radio antenna

der Schornstein
funnel

der Radar
radar

der Bug
prow

das Deck
deck

das
Achterdeck
quarterdeck

die
Höchsttlade-
marke
Plimsoll line

das Bullauge
porthole

der Rumpf
hull

das
Rettungsboot
lifeboat

der Kiel
keel

die
Schiffsschraube
propeller

der Ozeandampfer
ocean liner

die Kommandobrücke
bridge

der Maschinenraum
engine room

die Kabine
cabin

die Kombüse
galley

Vokabular • vocabulary

das Dock
dock

der Hafen
port

die Landungsbrücke
gangway

der Anker
anchor

der Poller
bollard

die Ankerwinde
windlass

der Kapitän
captain

das Rennboot
speedboat

das Ruderboot
rowing boat

das Kanu
canoe

andere Schiffe • other ships

die Fähre
ferry

der
Außenbordmotor
outboard motor

das Schlauchboot
inflatable dinghy

das Tragflügelboot
hydrofoil

die Jacht
yacht

der Katamaran
catamaran

der Schleppdampfer
tug boat

das Luftkissenboot
hovercraft

das Containerschiff
container ship

die Takelung
rigging

das Segelboot
sailing boat

der
Frachtraum
hold

das Frachtschiff
freighter

der Öltanker
oil tanker

der Flugzeugträger
aircraft carrier

das Kriegsschiff
battleship

der
Kommandoturm
conning tower

das U-Boot
submarine

der Hafen • port

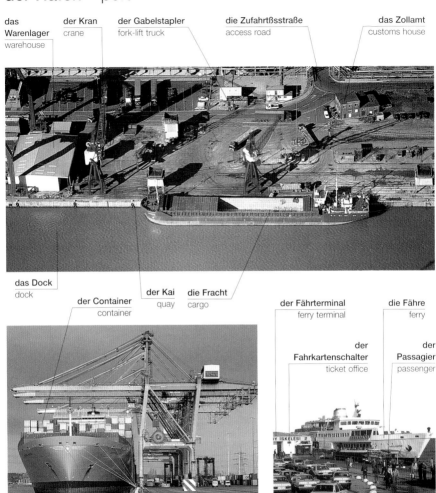

das Warenlager
warehouse

der Kran
crane

der Gabelstapler
fork-lift truck

die Zufahrtßsstraße
access road

das Zollamt
customs house

das Dock
dock

der Container
container

der Kai
quay

die Fracht
cargo

der Fährterminal
ferry terminal

die Fähre
ferry

der Fahrkartenschalter
ticket office

der Passagier
passenger

der Containerhafen | container port

der Passagierhafen | passenger port

das Netz
net

das Fischerboot
fishing boat

die Verankerung
mooring

der Jachhafen
marina

der Fischereihafen
fishing port

der Hafen
harbour

der Pier
pier

der Landungssteg
jetty

die Werft
shipyard

die Laterne
lamp

der Leuchtturm
lighthouse

die Boje
buoy

Vokabular • vocabulary		
die Küstenwache coastguard	**festmachen** moor (v)	**an Bord gehen** board (v)
der Hafenmeister harbour master	**anlegen** dock (v)	**von Bord gehen** disembark (v)
das Trockendock dry dock	**den Anker werfen** drop anchor (v)	**auslaufen** set sail (v)

der Sport
sports

der Football • American football

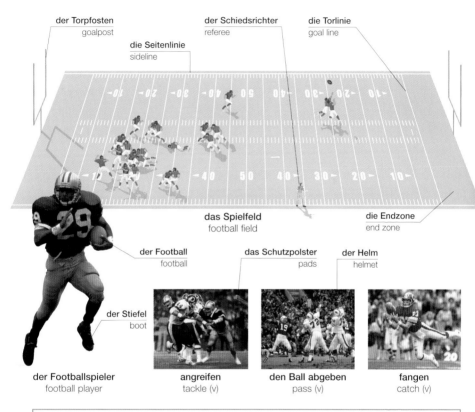

der Torpfosten
goalpost

der Schiedsrichter
referee

die Torlinie
goal line

die Seitenlinie
sideline

das Spielfeld
football field

die Endzone
end zone

der Football
football

das Schutzpolster
pads

der Helm
helmet

der Stiefel
boot

der Footballspieler
football player

angreifen
tackle (v)

den Ball abgeben
pass (v)

fangen
catch (v)

Vokabular • vocabulary

die Auszeit time out	die Mannschaft team	die Verteidigung defence	der Cheerleader cheerleader	**Wie ist der Stand?** What is the score?
das unsichere **Fangen des Balls** fumble	der Angriff attack	der Spielstand score	der Touchdown touchdown	**Wer gewinnt?** Who is winning?

das Rugby • rugby

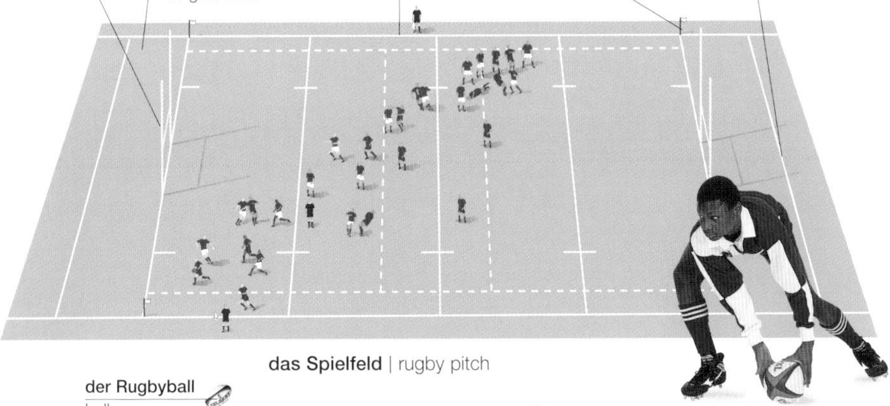

das Tor
goal

der Torraum
in-goal area

die Seitenlinie
touch line

die Fahne
flag

die Feldauslinie
dead ball line

das Spielfeld | rugby pitch

der Rugbyball
ball

werfen
throw (v)

das
Rugbytrikot
rugby strip

kicken
kick (v)

den Ball abgeben
pass (v)

angreifen
tackle (v)

der Versuch
try

der Rugbyspieler
player

das offene Gedränge | ruck

das Gedränge | scrum

der Fußball • soccer

der Fußball
football

der Torwart
goalkeeper

der Dress
football strip

der Mittelstürmer
forward

der Schiedsrichter
referee

der Mittelkreis
centre circle

der Fußballspieler
footballer

das Fußballfeld
football pitch

der Torpfosten
goalpost

die Querlatte
crossbar

das Tornetz
net

das Tor | goal

dribbeln | dribble (v)

köpfen
head (v)

die Mauer
wall

der Freistoß | free kick

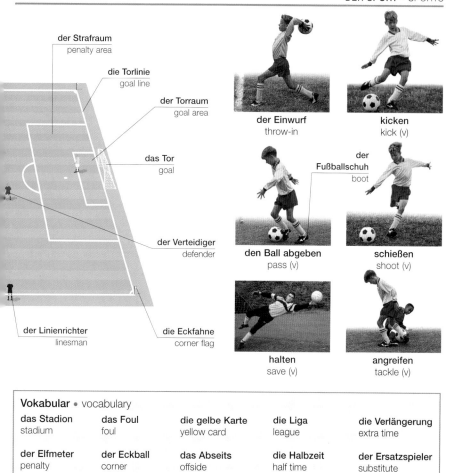

der Strafraum
penalty area

die Torlinie
goal line

der Torraum
goal area

das Tor
goal

der Verteidiger
defender

der Linienrichter
linesman

die Eckfahne
corner flag

der Einwurf
throw-in

kicken
kick (v)

der
Fußballschuh
boot

den Ball abgeben
pass (v)

schießen
shoot (v)

halten
save (v)

angreifen
tackle (v)

Vokabular • vocabulary

das Stadion stadium	**das Foul** foul	**die gelbe Karte** yellow card	**die Liga** league	**die Verlängerung** extra time
der Elfmeter penalty	**der Eckball** corner	**das Abseits** offside	**die Halbzeit** half time	**der Ersatzspieler** substitute
ein Tor schießen score a goal (v)	**die rote Karte** red card	**der Platzverweis** send off	**das Unentschieden** draw	**die Auswechslung** substitution

das Hockey • hockey

das Eishockey • ice hockey

die Verteidigungszone
defending zone

die neutrale
Zone
neutral zone

der Torwart
goalkeeper

die Torlinie
goal line

die Angriffszone
attack zone

das Tor
goal

der
Anspielkreis
face-off circle

der Mittelkreis
centre circle

der Handschuh
glove

das Polster
pad

der Schlitt
schuh
ice skate

die Eisfläche
ice hockey rink

der Schläger
stick

das Hockey • field hockey

der Hockeyschläger
hockey stick

der
Hockeyball
ball

der Puck
puck

der Eishockeyspieler | ice hockey player

Schlittschuh laufen
skate (v)

schlagen
hit (v)

das Kricket • cricket

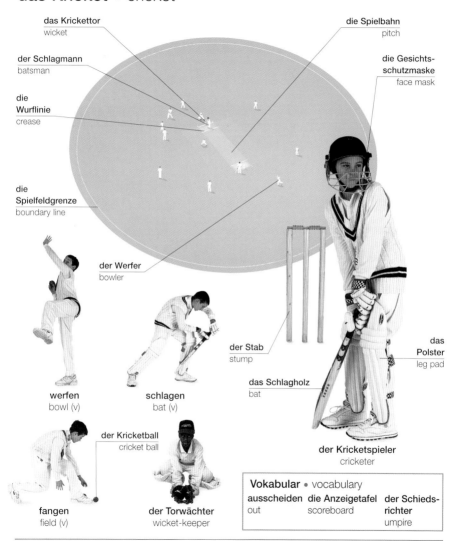

das Krickettor
wicket

die Spielbahn
pitch

der Schlagmann
batsman

die Gesichts-
schutzmaske
face mask

die
Wurflinie
crease

die
Spielfeldgrenze
boundary line

der Werfer
bowler

der Stab
stump

das
Polster
leg pad

das Schlagholz
bat

werfen
bowl (v)

schlagen
bat (v)

der Kricketball
cricket ball

der Kricketspieler
cricketer

fangen
field (v)

der Torwächter
wicket-keeper

Vokabular • vocabulary

ausscheiden	die Anzeigetafel	der Schieds-
out	scoreboard	richter
		umpire

der Basketball • basketball

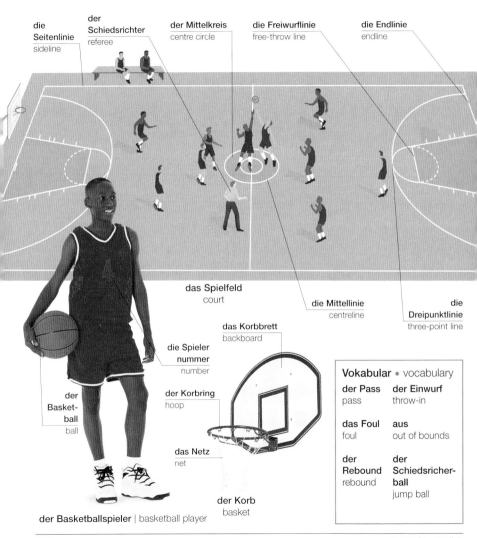

die Seitenlinie
sideline

der Schiedsrichter
referee

der Mittelkreis
centre circle

die Freiwurflinie
free-throw line

die Endlinie
endline

das Spielfeld
court

die Mittellinie
centreline

die Dreipunktlinie
three-point line

das Korbbrett
backboard

die Spieler nummer
number

der Korbring
hoop

der Basketball
ball

das Netz
net

der Korb
basket

der Basketballspieler | basketball player

Vokabular • vocabulary

der Pass pass	**der Einwurf** throw-in
das Foul foul	**aus** out of bounds
der Rebound rebound	**der Schiedsricherball** jump ball

die Aktionen • actions

werfen
throw (v)

fangen
catch (v)

schießen
shoot (v)

springen
jump (v)

decken
mark (v)

blocken
block (v)

springen lassen
bounce (v)

einen Dunk spielen
dunk (v)

der Volleyball • volleyball

blocken
block (v)

das Netz
net

baggern
dig (v)

der Schiedsrichter
referee

der Knieschützer
knee support

das Spielfeld | court

der Baseball • baseball

das Spielfeld • field

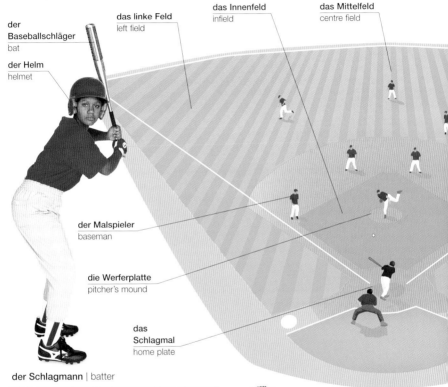

das Innenfeld
infield

das Mittelfeld
centre field

das linke Feld
left field

der
Baseballschläger
bat

der Helm
helmet

der Malspieler
baseman

die Werferplatte
pitcher's mound

das
Schlagmal
home plate

der Schlagmann | batter

Vokabular • vocabulary		
das Inning inning	aus out	der Schlagfehler strike
der Lauf run	in Sicherheit safe	der ungültige Schlag foul ball

der
Baseball
ball

der Handschuh
mitt

die Schutzmaske
mask

die Aktionen • actions

das Außenfeld
outfield

das rechte Feld
right field

die Foullinie
foul line

das Team
team

die Spielerbank
dugout

der Fänger
catcher

der Werfer
pitcher

werfen | throw (v)

fangen | catch (v)

rennen
run (v)

als Fänger spielen
field (v)

rutschen
slide (v)

hinterherlaufen
tag (v)

werfen
pitch (v)

schlagen
bat (v)

der
Schieds
richter
umpire

spielen | play (v)

das Tennis • tennis

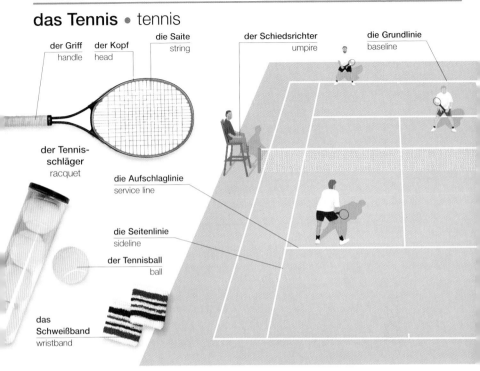

der Griff
handle

der Kopf
head

die Saite
string

der Schiedsrichter
umpire

die Grundlinie
baseline

der Tennis-
schläger
racquet

die Aufschlaglinie
service line

die Seitenlinie
sideline

der Tennisball
ball

das
Schweißband
wristband

der Tennisplatz | tennis court

Vokabular • vocabulary

das Einzel singles	**der Satz** set	**der Einstand** deuce	**der Fehler** fault	**der Slice** slice	**der Spin** spin
das Doppel doubles	**das Match** match	**der Vorteil** advantage	**das Ass** ace	**Netz!** let!	**der Linienrichter** linesman
das Spiel game	**der Tiebreak** tiebreak	**null** love	**der Stoppball** dropshot	**der Ballwechsel** rally	**die Meisterschaft** championship

die Schläge • strokes

das Netz
net

der Schmetterball
smash

der Balljunge
ball boy

aufschlagen
serve (v)

die
Tennisschuhe
tennis shoes

der Tennisspieler
player

der Aufschlag
serve

der Volley
volley

der Return
return

der Lob
lob

die Vorhand
forehand

die Rückhand
backhand

die Schlägerspiele • racquet games

der Federball
shuttlecock

der Tischten-
nisschläger
bat

das Badminton
badminton

das Tischtennis
table tennis

das Squash
squash

das Racquetball
racquetball

das Golf • golf

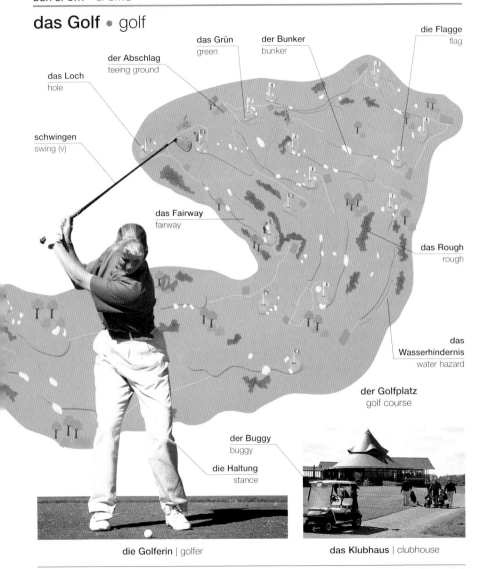

das Grün
green

der Bunker
bunker

die Flagge
flag

der Abschlag
teeing ground

das Loch
hole

schwingen
swing (v)

das Fairway
fairway

das Rough
rough

das Wasserhindernis
water hazard

der Golfplatz
golf course

der Buggy
buggy

die Haltung
stance

die Golferin | golfer

das Klubhaus | clubhouse

die Ausrüstung • equipment

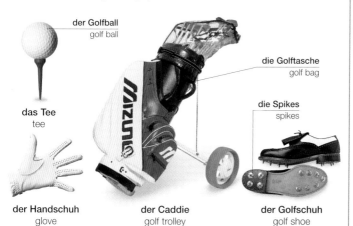

der Golfball
golf ball

die Golftasche
golf bag

das Tee
tee

die Spikes
spikes

der Handschuh
glove

der Caddie
golf trolley

der Golfschuh
golf shoe

die Golf-schläger • golf clubs

das Holz
wood

der Putter
putter

das Eisen
iron

das Wedge
wedge

die Aktionen • actions

vom Abschlag spielen
tee-off (v)

driven
drive (v)

einlochen
putt (v)

chippen
chip (v)

Vokabular • vocabulary

das Par par	**über Par** over par	**das Golfturnier** tournament	**der Caddie** caddy	**der Schlag** stroke	**die Spielbahn** line of play
unter Par under par	**das Hole-in-One** hole in one	**das Handicap** handicap	**die Zuschauer** spectators	**der Übungsschwung** practice swing	**der Durchschwung** backswing

---

die Leichtathletik • athletics

die Bahn	lane
die Rennbahn	track
die Ziellinie	finishing line
die Startlinie	starting line

der Sportplatz
field

die Leichtathletin
athlete

der Startblock
starting blocks

der Sprinter
sprinter

das Diskuswerfen
discus

das Kugelstoßen
shotput

das Speerwerfen
javelin

Vokabular • vocabulary

das Rennen race	**der Rekord** record	**das Fotofinish** photo finish	**der Stabhochsprung** pole vault
die Zeit time	**einen Rekord brechen** break a record (v)	**der Marathon** marathon	**die persönliche Bestleistung** personal best

die Stoppuhr
stopwatch

der Stab
baton

die Latte
crossbar

der Staffellauf
relay race

der Hochsprung
high jump

der Weitsprung
long jump

der Hürdenlauf
hurdles

das Turnen • gymnastics

das Sprungbrett
springboard

das Pferd
horse

der Salto
somersault

die Turnerin
gymnast

der Schwebebalken
beam

das Gymnastikband
ribbon

die Matte
mat

der Sprung
vault

das Bodenturnen
floor exercises

das Rad
cartwheel

die rhythmische Gymnastik
rhythmic gymnastics

Vokabular • vocabulary

das Reck horizontal bar	**der Stufenbarren** asymmetric bars	**die Ringe** rings	**die Medaillen** medals	**das Silber** silver
der Barren parallel bars	**das Seitpferd** pommel horse	**das Siegerpodium** podium	**das Gold** gold	**die Bronze** bronze

der Kampfsport • combat sports

der Gegner
opponent

der Handschuh
glove

der Kopfschutz
guard

der Gürtel
belt

das Karate
karate

das Taekwondo
tae-kwon-do

die Maske
mask

der Säbel
sword

das Judo
judo

das Aikido
aikido

das Kendo
kendo

das Kung-Fu
kung fu

das Kickboxen
kickboxing

das Ringen
wrestling

das Boxen
boxing

die Techniken • actions

das Fallen
fall

der Griff
hold

der Wurf
throw

das Fesseln
pin

der Seitfußstoß
kick

der Stoß
punch

der Angriff
strike

der Sprung
jump

der Block
block

der Hieb
chop

Vokabular • vocabulary

der Boxring boxing ring	**die Runde** round	**die Faust** fist	**der schwarze Gürtel** black belt	**die Capoeira** capoeira
die Boxhandschuhe boxing gloves	**der Kampf** bout	**der Knockout** knock out	**die Selbstverteidigung** self-defence	**das Sumo** sumo wrestling
der Mundschutz mouth guard	**das Sparring** sparring	**der Sandsack** punchbag	**die Kampfsportarten** martial arts	**das Thai-Chi** Tai Chi

der Schwimmsport • swimming
die Ausrüstung • equipment

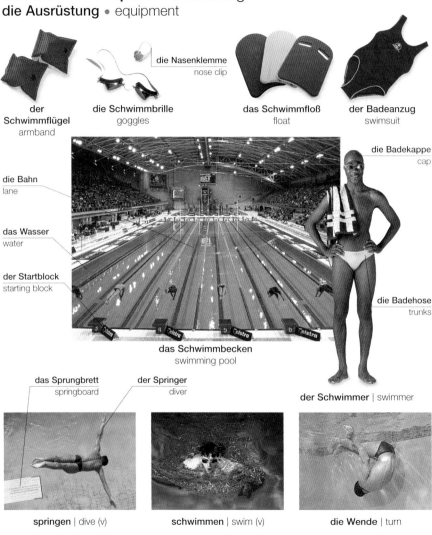

der Schwimmflügel
armband

die Schwimmbrille
goggles

die Nasenklemme
nose clip

das Schwimmfloß
float

der Badeanzug
swimsuit

die Badekappe
cap

die Bahn
lane

das Wasser
water

der Startblock
starting block

die Badehose
trunks

das Schwimmbecken
swimming pool

der Schwimmer | swimmer

das Sprungbrett
springboard

der Springer
diver

springen | dive (v)

schwimmen | swim (v)

die Wende | turn

die Schwimmstile • styles

das Kraulen
front crawl

das Brustschwimmen
breaststroke

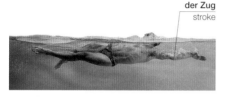

der Zug
stroke

das Rückenschwimmen | backstroke

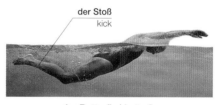

der Stoß
kick

der Butterfly | butterfly

das Tauchen • scuba diving

die Druckluftflasche
air cylinder

der Taucheranzug
wetsuit

die
Tauchermaske
mask

die
Schwimmflosse
flipper

der
Lungenautomat
regulator

der Bleigürtel
weight belt

der Schnorchel
snorkel

Vokabular • vocabulary					
der Sprung dive	**Wasser treten** tread water (v)	**das tiefe Ende** deep end	**der Wasserball** water polo	**das flache Ende** shallow end	**der Krampf** cramp
der Turmsprung high dive	**der Startsprung** racing dive	**die Schließfächer** lockers	**der Bademeister** lifeguard	**das Synchronschwimmen** synchronized swimming	**ertrinken** drown (v)

der Segelsport • sailing

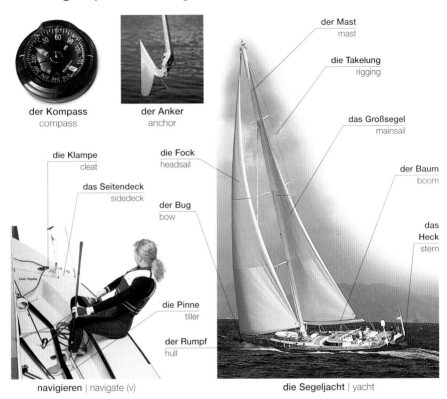

der Kompass
compass

der Anker
anchor

der Mast
mast

die Takelung
rigging

das Großsegel
mainsail

der Baum
boom

das Heck
stern

die Klampe
cleat

die Fock
headsail

das Seitendeck
sidedeck

der Bug
bow

die Pinne
tiller

der Rumpf
hull

navigieren | navigate (v)

die Segeljacht | yacht

die Sicherheit • safety

die Leuchtrakete
flare

der Rettungsring
lifebuoy

die Schwimmweste
life jacket

das Rettungsboot
life raft

der Wassersport • watersports

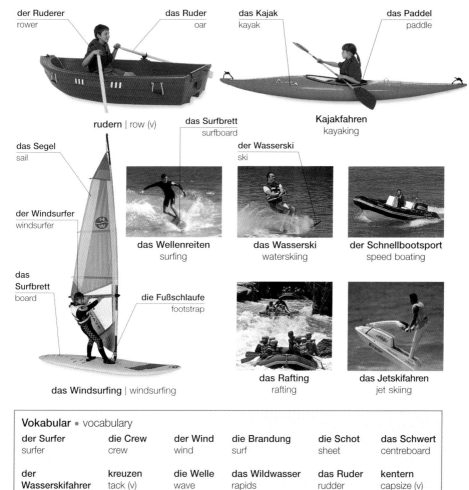

der Ruderer
rower

das Ruder
oar

das Kajak
kayak

das Paddel
paddle

rudern | row (v)

das Surfbrett
surfboard

Kajakfahren
kayaking

das Segel
sail

der Wasserski
ski

der Windsurfer
windsurfer

das Wellenreiten
surfing

das Wasserski
waterskiing

der Schnellbootsport
speed boating

das Surfbrett
board

die Fußschlaufe
footstrap

das Rafting
rafting

das Jetskifahren
jet skiing

das Windsurfing | windsurfing

Vokabular • vocabulary

der Surfer surfer	**die Crew** crew	**der Wind** wind	**die Brandung** surf	**die Schot** sheet	**das Schwert** centreboard
der Wasserskifahrer waterskier	**kreuzen** tack (v)	**die Welle** wave	**das Wildwasser** rapids	**das Ruder** rudder	**kentern** capsize (v)

der Reitsport • horse riding

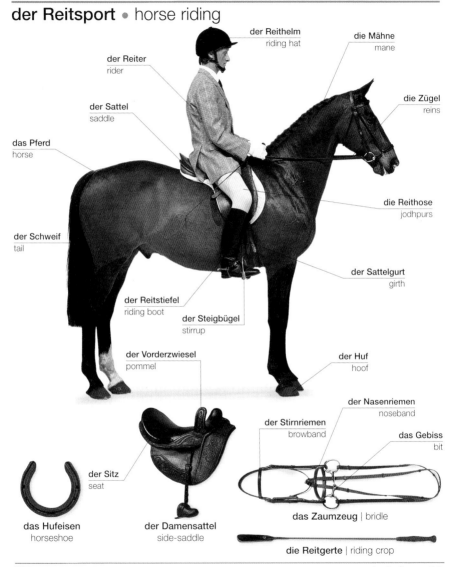

der Reithelm
riding hat

die Mähne
mane

der Reiter
rider

die Zügel
reins

der Sattel
saddle

das Pferd
horse

die Reithose
jodhpurs

der Schweif
tail

der Sattelgurt
girth

der Reitstiefel
riding boot

der Steigbügel
stirrup

der Vorderzwiesel
pommel

der Huf
hoof

der Nasenriemen
noseband

der Stirnriemen
browband

das Gebiss
bit

der Sitz
seat

das Zaumzeug | bridle

das Hufeisen
horseshoe

der Damensattel
side-saddle

die Reitgerte | riding crop

die Veranstaltungen • events

das Rennpferd
racehorse

das Hindernis
fence

das Pferderennen
horse race

das Jagdrennen
steeplechase

das Trabrennen
harness race

das Rodeo
rodeo

das Springreiten
showjumping

das Zweispännerrennen
carriage race

das Wanderreiten
trekking

das Dressurreiten
dressage

das Polo
polo

Vokabular • vocabulary

der Schritt walk	**der Kanter** canter	**der Sprung** jump	**das Halfter** halter	**die Koppel** paddock	**das Flachrennen** flat race
der Trab trot	**der Galopp** gallop	**der Stallbursche** groom	**der Pferdestall** stable	**der Turnierplatz** arena	**die Rennbahn** racecourse

---

der Angelsport • fishing

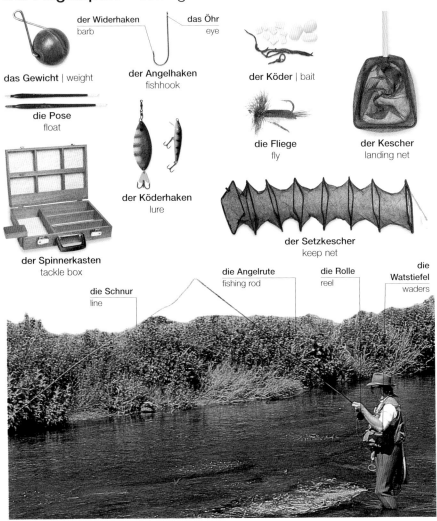

der Widerhaken
barb

das Öhr
eye

das Gewicht | weight

der Angelhaken
fishhook

der Köder | bait

die Pose
float

die Fliege
fly

der Kescher
landing net

der Köderhaken
lure

der Setzkescher
keep net

der Spinnerkasten
tackle box

die Angelrute
fishing rod

die Rolle
reel

die
Watstiefel
waders

die Schnur
line

der Angler | angler

die Fischfangarten • types of fishing

das Süßwasserangeln
freshwater fishing

das Fliegenangeln
fly fishing

das Sportangeln
sport fishing

die Hochseefischerei
deep sea fishing

das Brandungsangeln
surfcasting

die Aktivitäten • activities

auswerfen
cast (v)

fangen
catch (v)

einholen
reel in (v)

**mit dem Netz
fangen**
net (v)

loslassen
release (v)

Vokabular • vocabulary

ködern bait (v)	**die Angelgeräte** tackle	**die Regenhaut** waterproofs	**der Angelschein** fishing permit	**der Fischkorb** creel
anbeißen bite (v)	**die Rolle** spool	**die Stake** pole	**die Seefischerei** marine fishing	**das Speerfischen** spearfishing

der Skisport • skiing

der Skihang
ski slope

der Sessellift
chairlift

der Kabinenlift
cable car

der Handschuh
glove

der Skistock
ski pole

die Skipiste
ski run

die
Sicherheitssperre
safety barrier

die Spitze
tip

die Kante
edge

der Ski
ski

die Skijacke
ski jacket

die Skiläuferin
skier

der Skistiefel
ski boot

die Disziplinen • events

der Abfahrtslauf
downhill skiing

das Tor
gate

der Slalom
slalom

der Skisprung
ski jump

der Langlauf
cross-country skiing

der Wintersport • winter sports

das Eisklettern
ice climbing

das Eislaufen
ice-skating

der Eiskunstlauf
figure skating

die Skibrille
goggles

der
Schlittschuh
skate

das Snowboarding
snowboarding

der Bobsport
bobsleigh

das Rennrodeln
luge

das Schneemobil
snowmobile

das Schlittenfahren
sledding

Vokabular • vocabulary

die alpine Kombination alpine skiing	**das Hundeschlittenfahren** dog sledding
der Riesenslalom giant slalom	**das Eisschnelllauf** speed skating
abseits der Piste off-piste	**das Biathlon** biathlon
das Curling curling	**die Lawine** avalanche

die anderen Sportarten • other sports

das Segelflugzeug
glider

der Drachen
hang-glider

das Segelfliegen
gliding

der Fallschirm
parachute

das Drachenfliegen
hang-gliding

das Seil
rope

das Klettern
rock climbing

das Fallschirmspringen
parachuting

das Gleitschirmfliegen
paragliding

das Fallschirmspringen
skydiving

das Abseilen
abseiling

das Bungeejumping
bungee jumping

das Rallyefahren
rally driving

der
Rennfahrer
racing driver

der Rennsport
motor racing

das Motocross
motorcross

das Motorradrennen
motorbike racing

das Skateboard
skateboard

**das Skateboard-
fahren**
skateboarding

das Inlineskaten
inline skating

der Lacrosseschläger
stick

das Lacrosse
lacrosse

das Florett
foil

die Maske
mask

das Fechten
fencing

der Kegel
pin

der Bogen
bow

die Zielscheibe
target

der Pfeil
arrow

der Köcher
quiver

das Bogenschießen
archery

**das
Scheibenschießen**
target shooting

die
Bowlingkugel
bowling ball

das Bowling
bowling

das Poolbillard
pool

das Snooker
snooker

die Fitness • fitness

das Trainingsrad
exercise bike

die Gewichte
free weights

die Stange
bar

das Fitnessgerät
gym machine

die Bank
bench

das Fitnesscenter | gym

die Rudermaschine
rowing machine

das Laufband
treadmill

die Langlaufmaschine
cross trainer

die private Fitness-
trainerin
personal trainer

die Tretmaschine
step machine

das Schwimmbecken
swimming pool

die Sauna
sauna

die Übungen • exercises

das Strecken
stretch

der Ausfall
lunge

die Strumpfhose
tights

der Liegestütz
press-up

die Hantel
dumbbell

die Kniebeuge
squat

das Rumpfheben
sit-up

die Bizepsübung
bicep curl

der Beinstütz
leg press

die Brustübung
chest press

Trainings
schuhe
trainers

das Krafttraining
weight training

die Gewicht
hantel
weight bar

das Jogging
jogging

das Pilates
Pilates

Vokabular • vocabulary

trainieren train (v)	**beugen** flex (v)	**ausstrecken** extend (v)	**die Boxgymnastik** boxercise	**das Seilspringen** skipping
sich aufwärmen warm up (v)	**auf der Stelle joggen** jog on the spot (v)	**hochziehen** pull up (v)	**das Zirkeltraining** circuit training	

die Freizeit
leisure

das Theater • theatre

der Vorhang
curtain

die Kulisse
wings

das Bühnenbild
set

das Publikum
audience

das Orchester
orchestra

die Bühne | stage

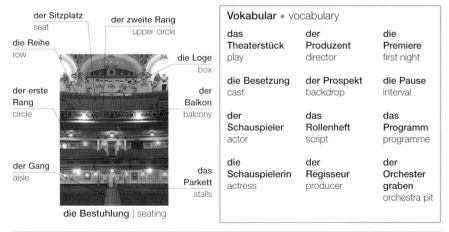

der Sitzplatz
seat

der zweite Rang
upper circle

die Reihe
row

die Loge
box

der erste Rang
circle

der Balkon
balcony

der Gang
aisle

das Parkett
stalls

die Bestuhlung | seating

Vokabular • vocabulary

das Theaterstück play	**der Produzent** director	**die Premiere** first night
die Besetzung cast	**der Prospekt** backdrop	**die Pause** interval
der Schauspieler actor	**das Rollenheft** script	**das Programm** programme
die Schauspielerin actress	**der Regisseur** producer	**der Orchestergraben** orchestra pit

das Konzert
concert

das Musical
musical

das
Theaterkostüm
costume

das Ballett
ballet

Vokabular • vocabulary

der Platzanweiser usher	**der Soundtrack** soundtrack	**Ich möchte zwei Karten für die Aufführung heute Abend.** I'd like two tickets for tonight's performance.
die klassische Musik classical music	**applaudieren** applaud (v)	
die Noten musical score	**die Zugabe** encore	**Um wie viel Uhr beginnt die Aufführung?** What time does it start?

die Oper
opera

das Kino • cinema

das
Popcorn
popcorn

die Kasse
box office

das
Plakat
poster

das Foyer
lobby

der Kinosaal
cinema hall

die Leinwand
screen

Vokabular • vocabulary

die Komödie comedy	**der Liebesfilm** romance
der Thriller thriller	**der Science-Fiction-Film** science fiction film
der Horrorfilm horror film	**der Abenteuerfilm** adventure film
der Western western	**der Zeichentrickfilm** animated film

das Orchester • orchestra

die Saiteninstrumente • strings

die Harfe
harp

der Dirigent
conductor

der Kontrabass
double bass

die Geige
violin

das Podium
podium

die Bratsche
viola

das Cello
cello

die Noten
score

der
Violinschlüssel
treble clef

die Note
note

das
Liniensystem
staff

der
Bassschlüssel
bass clef

das Klavier | piano

die Notation | notation

Vokabular • vocabulary

die Ouvertüre	die Sonate	die Tonhöhe	das Kreuz	der Taktstrich	die Tonleiter
overture	sonata	pitch	sharp	bar	scale
die Symphonie	die Musikinstrumente	das Pausenzeichen	das B	das Auflösungszeichen	der Taktstock
symphony	instruments	rest	flat	natural	baton

---

deutsch • english

die Holzblasinstrumente • woodwind

die Pikkoloflöte
piccolo

die Querflöte
flute

die Oboe
oboe

das Englischhorn
cor anglais

die Klarinette
clarinet

die Bassklarinette
bass clarinet

das Fagott
bassoon

das Kontrafagott
double bassoon

das Saxofon
saxophone

die Schlaginstrumente • percussion

das Vibrafon
vibraphone

die Kesselpauke
kettledrum

der Gong
gong

die Bongos
bongos

die kleine
Trommel
snare drum

das Becken
cymbals

das
Tamburin
tambourine

der Triangel
triangle

die Maracas
maracas

das Fußpedal
foot pedal

die Blechblasinstrumente • brass

die Trompete
trumpet

die Posaune
trombone

das Horn
French horn

die Tuba
tuba

das Konzert • concert

der Gitarrist
guitarist

der Lautsprecher
speaker

der
Leadsänger
lead singer

das
Mikrophon
microphone

der
Schlag-zeuger
drummer

die Fans
fans

das Rockkonzert | rock concert

die Instrumente • instruments

der
Tonabnehmer
pickup

der Hals
neck

der Wirbel
tuning peg

der Bund
fret

die Saite
string

der Steg
bridge

die
Trommel
drum

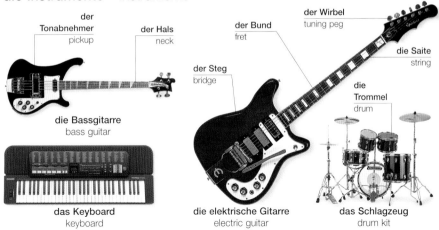

die Bassgitarre
bass guitar

das Keyboard
keyboard

die elektrische Gitarre
electric guitar

das Schlagzeug
drum kit

die Musikstile • musical styles

der Jazz
jazz

der Blues
blues

die Punkmusik
punk

der Folk
folk music

der Pop
pop

die Tanzmusik
dance

der Rap
rap

das Heavy Metal
heavy metal

die klassische Musik
classical music

Vokabular • vocabulary

das Lied	**der Text**	**die Melodie**	**der Beat**	**der Reggae**	**die Countrymusic**	**Scheinwerfer**
song	lyrics	melody	beat	reggae	country	spotlight

---

die Besichtigungstour • sightseeing

der Tourist
tourist

die Route
itinerary

mit offenem Oberdeck
open-top

der Stadtrundfahrtbus | tour bus

der Fremdenführer
tour guide

die Figur
statuette

die Führung
guided tour

die Andenken
souvenirs

die Touristenattraktion | tourist attraction

Vokabular • vocabulary

geöffnet open	**der Film** film	**der Camcorder** camcorder	**links** left	**Wo ist…?** Where is…?
geschlossen closed	**die Batterien** batteries	**die Kamera** camera	**rechts** right	**Ich habe mich verlaufen.** I'm lost.
das Eintrittsgeld entrance fee	**der Reiseführer** guidebook	**die Richtungsangaben** directions	**geradeaus** straight on	**Können Sie mir sagen, wie ich nach… komme?** Can you tell me the way to…?

die Sehenswürdigkeiten • attractions

das
Gemälde
painting

das
Aussellungs
stück
exhibit

die
Ausstellung
exhibition

die berühmte
Ruine
famous ruin

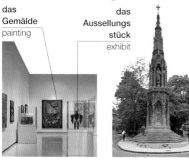

die Kunstgalerie
art gallery

das Monument
monument

das Museum
museum

**das historische
Gebäude**
historic building

das Kasino
casino

der Park
gardens

der Nationalpark
national park

die Information • information

die Zeiten
times

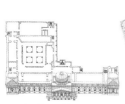

der Grundriss
floor plan

der Stadtplan
map

der Fahrplan
timetable

**die
Touristeninformation**
tourist information

die Aktivitäten im Freien • outdoor activities

der Fußweg
footpath

die Sonnenuhr
sundial

das Café
café

der Park | park

das Gras
grass

die Bank
bench

die Gartenanlagen
formal gardens

die Berg-und-Talbahn
roller coaster

der Jahrmarkt
fairground

der Vergnügungspark
theme park

der Safaripark
safari park

der Zoo
zoo

die Aktivitäten • activites

das Radfahren
cycling

das Jogging
jogging

das Skateboardfahren
skateboarding

das Inlinerfahren
rollerblading

der Reitweg
bridle path

der Pick-nickkorb
hamper

das Vogelbeobachten
bird-watching

das Reiten
horse riding

das Wandern
hiking

das Picknick
picnic

der Spielplatz • playground

der Sandkasten
sandpit

das Planschbecken
paddling pool

die Schaukel
swing

die Wippe | seesaw

die Rutsche
slide

das Klettergerüst
climbing frame

der Strand • beach

das
Hotel
hotel

der
Sonnenschirm
beach umbrella

das
Strandhäuschen
beach hut

der Sand
sand

die Welle
wave

das Meer
sea

die Strandtasche
beach bag

der Bikini
bikini

sonnenbaden | sunbathe (v)

der
Rettungsschwimmer
lifeguard

der Rettungsturm
lifeguard tower

der Windschutz
windbreak

die Promenade
promenade

der Liegestuhl
deck chair

die Sonnenbrille
sunglasses

der Sonnehut
sunhat

die Sonnencreme
suntan lotion

der Sonnenblocker
sunblock

der Wasserball
beach ball

der Schwimmreifen
rubber ring

der Badeanzug
swimsuit

die Schaufel
spade

der Eimer
bucket

die Sandburg
sandcastle

die Muschel
shell

das Strandtuch
beach towel

das Camping • camping

die Toiletten
toilets

die Mülleimer
waste disposal

die Duschen
shower block

der Stromanschluss
electric hook-up

das Überdach
flysheet

der Hering
tent peg

der Campingplatz
campsite

die
Zeltspannleine
guy rope

der
Wohnwagen
caravan

Vokabular • vocabulary

zelten
camp (v)

Zeltplätze frei
pitches available

voll
full

**die
Campingplatzverwaltung**
site manager's office

der Zeltplatz
pitch

die Zeltstange
tent pole

das Faltbett
camp bed

**ein Zelt
aufschlagen**
pitch a tent (v)

die Picknickbank
picnic bench

die Hängematte
hammock

das Wohnmobil
camper van

der Anhänger
trailer

die Holzkohle
charcoal

der Feueranzünder
firelighter

ein Feuer machen
light a fire (v)

das Lagerfeuer
campfire

das
Gestänge
frame

der Zeltboden
ground sheet

der Rucksack
backpack

die Thermos
flasche
vacuum flask

die Wasserflasche
water bottle

das Zelt
tent

der Insektenspray
insect repellent

die Taschenlampe
torch

das Moskitonetz
mosquito net

die Thermowäsche
thermals

die Wanderschuhe
walking boots

die Regenhaut
waterproofs

der Schlafsack
sleeping bag

der Gasbrenner
camping stove

der Grill
barbecue

die Schlafmatte
sleeping mat

die Luftmatratze | air mattress

die Privatunterhaltung • home entertainment

die DVD-Platte
DVD

der DVD-Spieler
DVD player

der Plattenspieler
record player

das Digitalradio
digital radio

die Laut-sprecherbox
(loud) speaker

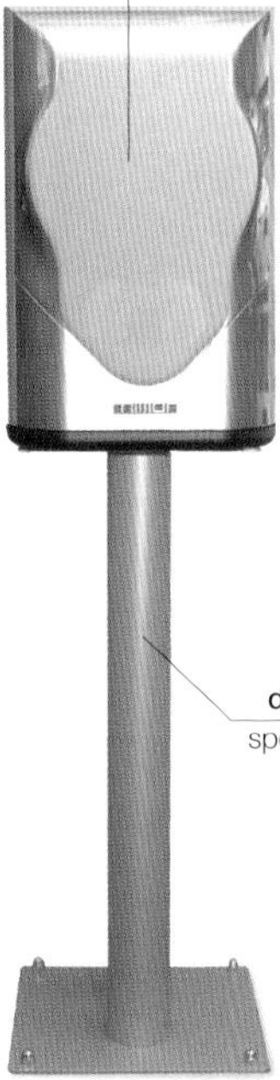

der CD-Spieler
CD player

das Radio
radio

der Verstärker
amplifier

die Kopfhörer
headphones

das Rack
stand

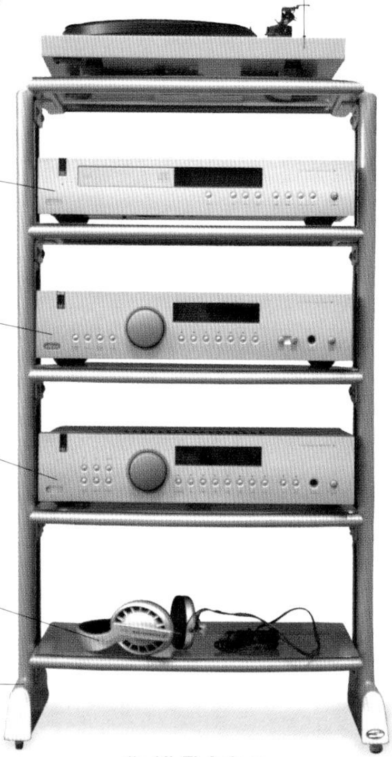

der Ständer
speaker stand

die Hi-Fi-Anlage
hi-fi system

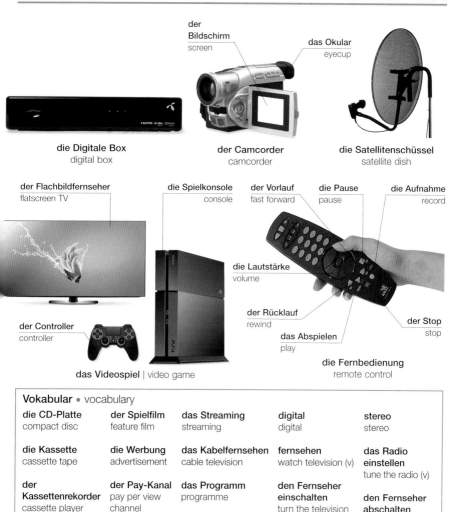

der
Bildschirm
screen

das Okular
eyecup

die Digitale Box
digital box

der Camcorder
camcorder

die Satellitenschüssel
satellite dish

der Flachbildfernseher
flatscreen TV

die Spielkonsole
console

der Vorlauf
fast forward

die Pause
pause

die Aufnahme
record

die Lautstärke
volume

der Rücklauf
rewind

der Stop
stop

der Controller
controller

das Abspielen
play

das Videospiel | video game

die Fernbedienung
remote control

Vokabular • vocabulary

die CD-Platte compact disc	**der Spielfilm** feature film	**das Streaming** streaming	**digital** digital	**stereo** stereo
die Kassette cassette tape	**die Werbung** advertisement	**das Kabelfernsehen** cable television	**fernsehen** watch television (v)	**das Radio einstellen** tune the radio (v)
der Kassettenrekorder cassette player	**der Pay-Kanal** pay per view channel	**das Programm** programme	**den Fernseher einschalten** turn the television off (v)	**den Fernseher abschalten** turn the television off (v)
hochauflösend high-definition	**WLAN** Wi-Fi	**den Kanal wechseln** change channel (v)		

die Fotografie • photography

der Auslöser
shutter release

der Blendenregler
aperture dial

die Linse
lens

der Filter
filter

die Schutzkappe
lens cap

die Spiegelreflexkamera | SLR camera

der Elektronenblitz
flash gun

der Belichtungsmesser
lightmeter

das Wechselobjektiv
zoom lens

das Stativ
tripod

die Fotoapparattypen • types of camera

der Blitz
flash

die Polaroidkamera
Polaroid camera

die Digitalkamera
digital camera

das Kamera-Handy
cameraphone

die Einwegkamera
disposable camera

fotografieren • photograph (v)

die **Filmspule**
film spool

der Film
film

einstellen
focus (v)

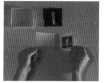

entwickeln
develop (v)

das Negativ
negative

quer
landscape

hoch
portrait

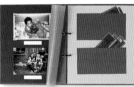

das Fotoalbum
photo album

der Fotorahmen
photo frame

das Foto | photograph

die Probleme • problems

unterbelichtet
underexposed

überbelichtet
overexposed

unscharf
out of focus

die Rotfärbung der Augen
red eye

Vokabular • vocabulary

der Bildsucher
viewfinder

der Abzug
print

die Kameratasche
camera case

matt
matte

die Belichtung
exposure

hochglanz
gloss

die Dunkelkammer
darkroom

die Vergrößerung
enlargement

Könnten Sie diesen Film entwickeln lassen?
I'd like this film processed.

die Spiele • games

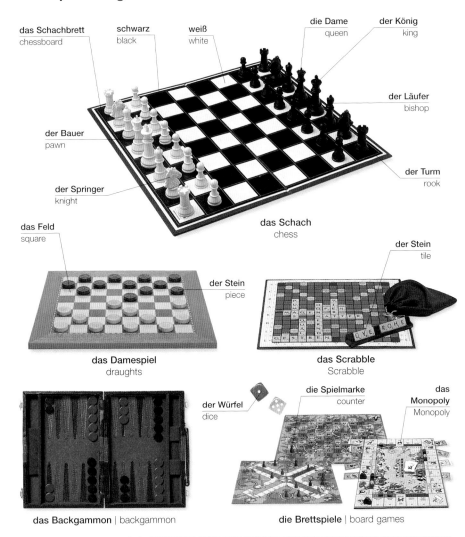

das Schachbrett
chessboard

schwarz
black

weiß
white

die Dame
queen

der König
king

der Läufer
bishop

der Bauer
pawn

der Turm
rook

der Springer
knight

das Feld
square

das Schach
chess

der Stein
piece

der Stein
tile

das Damespiel
draughts

das Scrabble
Scrabble

der Würfel
dice

die Spielmarke
counter

das Monopoly
Monopoly

das Backgammon | backgammon

die Brettspiele | board games

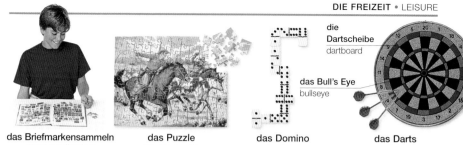

das Briefmarkensammeln
stamp collecting

das Puzzle
jigsaw puzzle

das Domino
dominoes

die
Dartscheibe
dartboard

das Bull's Eye
bullseye

das Darts
darts

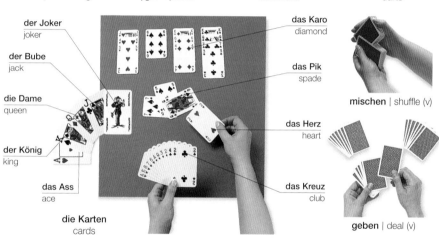

der Joker
joker

der Bube
jack

die Dame
queen

der König
king

das Ass
ace

die Karten
cards

das Karo
diamond

das Pik
spade

das Herz
heart

das Kreuz
club

mischen | shuffle (v)

geben | deal (v)

Vokabular • vocabulary

der Zug move	**gewinnen** win (v)	**der Verlierer** loser	**das Bridge** bridge	**der Punkt** point	**Wer ist dran?** Whose turn is it?
spielen play (v)	**der Gewinner** winner	**das Spiel** game	**das Poker** poker	**die Farbe** suit	**Du bist dran.** It's your move.
der Spieler player	**verlieren** lose (v)	**die Wette** bet	**das Kartenspiel** pack of cards	**das Spielergebnis** score	**Würfle.** Roll the dice.

das Kunsthandwerk 1 • arts and crafts 1

die Künstlerin
artist

das Gemälde
painting

die Staffelei
easel

die Leinwand
canvas

der Pinsel
brush

die Palette
palette

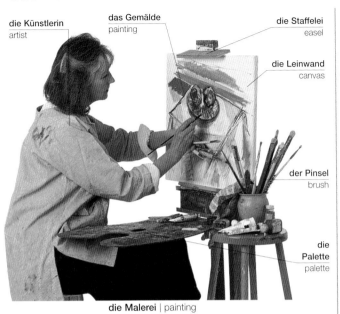

die Malerei | painting

die Farben • colours

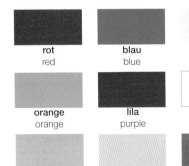

rot
red

blau
blue

gelb
yellow

grün
green

orange
orange

lila
purple

weiß
white

schwarz
black

grau
grey

rosa
pink

braun
brown

indigoblau
indigo

die Farben • paints

die Ölfarben
oil paints

die Aquarellfarbe
watercolour paint

die Pastellstifte
pastels

die Acrylfarbe
acrylic paint

die Plakatfarbe
poster paint

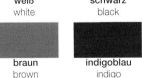

andere Kunstfertigkeiten • other crafts

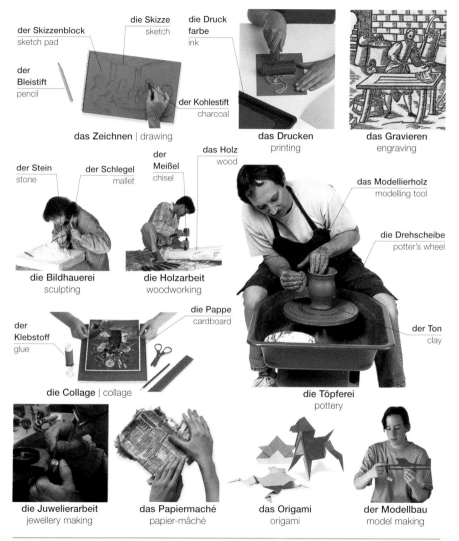

der Skizzenblock
sketch pad

die Skizze
sketch

die Druck farbe
ink

der Bleistift
pencil

der Kohlestift
charcoal

das Zeichnen | drawing

das Drucken
printing

das Gravieren
engraving

der Stein
stone

der Schlegel
mallet

der Meißel
chisel

das Holz
wood

das Modellierholz
modelling tool

die Drehscheibe
potter's wheel

die Bildhauerei
sculpting

die Holzarbeit
woodworking

der Ton
clay

der Klebstoff
glue

die Pappe
cardboard

die Collage | collage

die Töpferei
pottery

die Juwelierarbeit
jewellery making

das Papiermaché
papier-mâché

das Origami
origami

der Modellbau
model making

das Kunsthandwerk 2 • arts and crafts 2

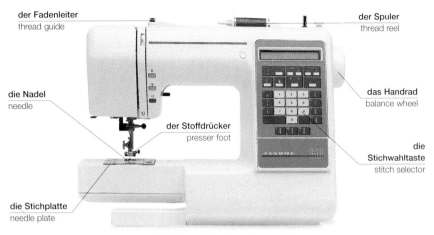

der Fadenleiter
thread guide

der Spuler
thread reel

die Nadel
needle

das Handrad
balance wheel

der Stoffdrücker
presser foot

die
Stichwahltaste
stitch selector

die Stichplatte
needle plate

die **Nähmaschine** | sewing machine

die Schere
scissors

das Schnittmuster
pattern

das Nadelkissen
pincushion

die Stecknadel
pin

das Zentimetermaß
tape measure

der Stoff
material

der **Nähkorb** | sewing basket

das Garn
thread

die Öse
eye

die Spule
bobbin

der Haken
hook

der Fingerhut
thimble

die
Schneiderkreide
tailor's chalk

die
Schneiderpuppe
tailor's dummy

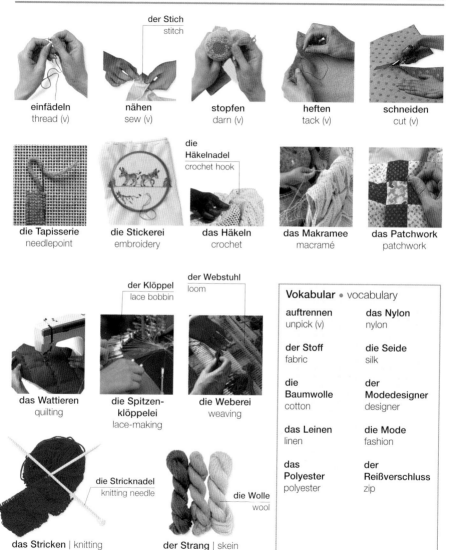

der Stich
stitch

einfädeln
thread (v)

nähen
sew (v)

stopfen
darn (v)

heften
tack (v)

schneiden
cut (v)

die Tapisserie
needlepoint

die Stickerei
embroidery

die
Häkelnadel
crochet hook

das Häkeln
crochet

das Makramee
macramé

das Patchwork
patchwork

der Klöppel
lace bobbin

der Webstuhl
loom

das Wattieren
quilting

die Spitzen-
klöppelei
lace-making

die Weberei
weaving

die Stricknadel
knitting needle

die Wolle
wool

das Stricken | knitting

der Strang | skein

Vokabular • vocabulary

auftrennen
unpick (v)

das Nylon
nylon

der Stoff
fabric

die Seide
silk

die
Baumwolle
cotton

der
Modedesigner
designer

das Leinen
linen

die Mode
fashion

das
Polyester
polyester

der
Reißverschluss
zip

die Umwelt
environment

die Erde • Earth

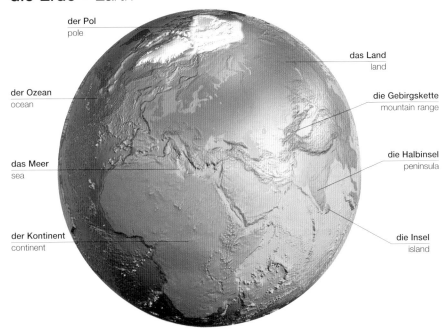

der Pol
pole

das Land
land

der Ozean
ocean

die Gebirgskette
mountain range

das Meer
sea

die Halbinsel
peninsula

der Kontinent
continent

die Insel
island

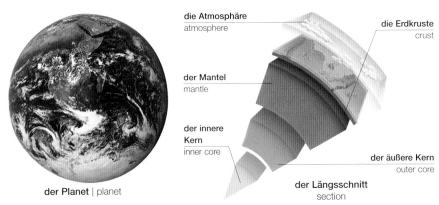

die Atmosphäre
atmosphere

die Erdkruste
crust

der Mantel
mantle

der innere
Kern
inner core

der äußere Kern
outer core

der Planet | planet

der Längsschnitt
section

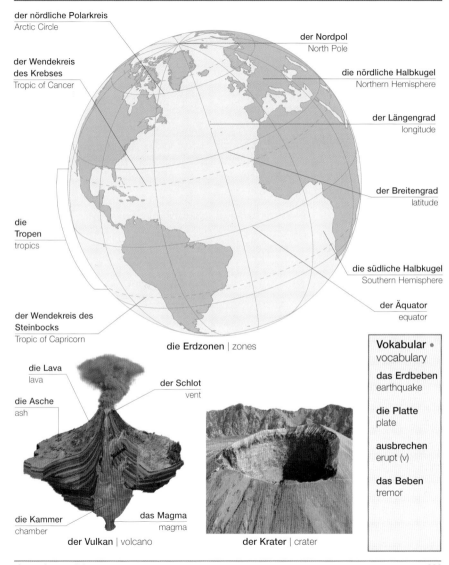

der nördliche Polarkreis
Arctic Circle

der Wendekreis
des Krebses
Tropic of Cancer

die
Tropen
tropics

der Wendekreis des
Steinbocks
Tropic of Capricorn

der Nordpol
North Pole

die nördliche Halbkugel
Northern Hemisphere

der Längengrad
longitude

der Breitengrad
latitude

die südliche Halbkugel
Southern Hemisphere

der Äquator
equator

die Erdzonen | zones

die Lava
lava

die Asche
ash

der Schlot
vent

die Kammer
chamber

das Magma
magma

der Vulkan | volcano

der Krater | crater

Vokabular •
vocabulary

das Erdbeben
earthquake

die Platte
plate

ausbrechen
erupt (v)

das Beben
tremor

die Landschaft • landscape

der Berg
mountain

der Hang
slope

das Ufer
bank

der Fluss
river

**die Strom
schnellen**
rapids

die Felsen
rocks

der Gletscher
glacier

das Tal | valley

der Hügel
hill

das Plateau
plateau

die Schlucht
gorge

die Höhle
cave

die Ebene | plain

die Wüste | desert

der Wald | forest

der Wald | wood

der Regenwald
rainforest

der Sumpf
swamp

die Wiese label
meadow

das Grasland
grassland

der Wasserfall
waterfall

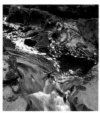

der Bach
stream

der See
lake

der Geysir
geyser

die Küste
coast

die Klippe
cliff

das Korallenriff
coral reef

die Flussmündung
estuary

das Wetter • weather

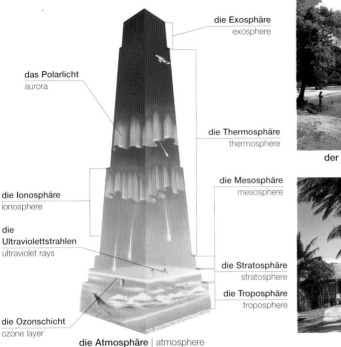

die Exosphäre
exosphere

das Polarlicht
aurora

die Thermosphäre
thermosphere

die Mesosphäre
mesosphere

die Ionosphäre
ionosphere

die
Ultraviolettstrahlen
ultraviolet rays

die Stratosphäre
stratosphere

die Troposphäre
troposphere

die Ozonschicht
ozone layer

die Atmosphäre | atmosphere

der Sonnenschein
sunshine

der Wind
wind

Vokabular • vocabulary

der Schneeregen	der Schauer	heiß	trocken	windig	Mir ist heiß/kalt.
sleet	shower	hot	dry	windy	I'm hot/cold.
der Hagel	**sonnig**	**kalt**	**nass**	**der Sturm**	**Es regnet.**
hail	sunny	cold	wet	gale	It's raining.
der Donner	**bewölkt**	**warm**	**feucht**	**die Temperatur**	**Es sind... Grad.**
thunder	cloudy	warm	humid	temperature	It's... degrees.

die Wolke
cloud

der Regen
rain

der Blitz
lightning

das Gewitter
storm

der feine Nebel
mist

der dichte Nebel
fog

der Regenbogen
rainbow

der Eiszapfen
icicle

der Schnee
snow

der Raureif
frost

das Eis
ice

der Frost
freeze

der Hurrikan
hurricane

der Tornado
tornado

der Monsun
monsoon

die Überschwemmung
flood

das Gestein • rocks

eruptiv • igneous

der Granit
granite

der Obsidian
obsidian

der Basalt
basalt

der Bimsstein
pumice

sedimentär • sedimentary

der Sandstein
sandstone

der Kalkstein
limestone

die Kreide
chalk

der Feuerstein
flint

das Konglomerat
conglomerate

die Kohle
coal

metamorph • metamorphic

der Schiefer
slate

der Glimmers
schist

der Gneis
gneiss

der Marmor
marble

die Schmucksteine • gems

der Rubin
ruby

der Aquamarin
aquamarine

der Amethyst
amethyst

der Diamant
diamond

der Jade
jade

der Jett
jet

der Smaragd
emerald

der Opal
opal

der Saphir
sapphire

der Turmalin
tourmaline

der Mondstein
moonstone

der Granat
garnet

der Topas
topaz

die Mineralien • minerals

der Quarz
quartz

der Glimmer
mica

der Schwefel
sulphur

der Hämatit
hematite

der Kalzit
calcite

der Malachit
malachite

der Türkis
turquoise

der Onyx
onyx

der Achat
agate

der Graphit
graphite

die Metalle • metals

das Gold
gold

das Silber
silver

das Platin
platinum

das Nickel
nickel

das Eisen
iron

das Kupfer
copper

das Zinn
tin

das Aluminium
aluminium

das Quecksilber
mercury

das Zink
zinc

die Tiere 1 • animals 1
die Säugetiere • mammals

die Schnurrhaare
whiskers

der Schwanz
tail

das Kaninchen
rabbit

der Hamster
hamster

die Maus
mouse

die Ratte
rat

der Igel
hedgehog

das Eichhörnchen
squirrel

die Fledermaus
bat

der Waschbär
raccoon

der Fuchs
fox

der Wolf
wolf

der Welpe
puppy

das Kätzchen
kitten

das Junge
pup

der Hund
dog

die Katze
cat

der Otter
otter

die Robbe
seal

die Flosse
flipper

das Atemloch
blowhole

der Seelöwe
sea lion

das Walross
walrus

der Wal
whale

der Delphin
dolphin

das Geweih
antler

die Mähne
mane

der Höcker
hump

der Huf
hoof

der Hirsch
deer

das Zebra
zebra

die Giraffe
giraffe

das Kamel
camel

der Rüssel
trunk

der Stoßzahn
tusk

das Horn
horn

das Nilpferd
hippopotamus

der Elefant
elephant

das Nashorn
rhinoceros

der Tiger
tiger

die Mähne
mane

der Löwe
lion

der Affe
monkey

der Gorilla
gorilla

der Koalabär
koala

der Beutel
pouch

der Pandabär
panda

die Klaue
claw

das Känguru
kangaroo

der Bär
bear

der Eisbär
polar bear

die Tiere 2 • animals 2
die Vögel • birds

der Schwanz
tail

der Kanarienvogel
canary

der Spatz
sparrow

der Kolibri
hummingbird

die Schwalbe
swallow

die Krähe
crow

die Taube
pigeon

der Specht
woodpecker

der Falke
falcon

die Eule
owl

die Möwe
gull

der Adler
eagle

der Pelikan
pelican

der Flamingo
flamingo

der Storch
stork

der Kranich
crane

der Pinguin
penguin

der Strauß
ostrich

die Reptilien • reptiles

die Gans | goose

der Schwan
swan

der Pfau
peacock

der Fasan
pheasant

der Truthahn
turkey

der Schnabel
bill

die Feder
feather

der Flügel
wing

der Kakadu
cockatoo

die Kralle
claw

der Papagei
parrot

die Schuppen
scales

der Alligator
alligator

die Eidechse
lizard

der Leguan
iguana

der Panzer
shell

die Wasserschildkröte
turtle

die Schildkröte
tortoise

die Schlange
snake

die Schnauze
snout

das Krokodil
crocodile

die Tiere 3 • animals 3
die Amphibien • amphibians

der Frosch
frog

die Kröte
toad

die Kaulquappe
tadpole

der Salamander
salamander

die Fische • fish

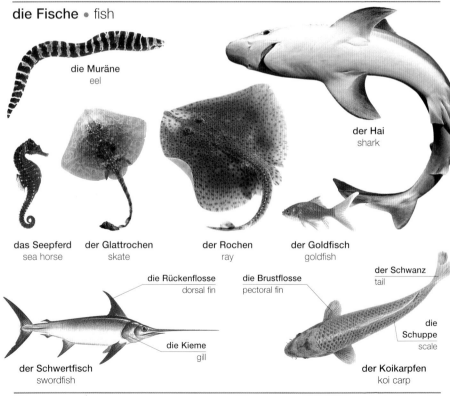

die Muräne
eel

der Hai
shark

das Seepferd
sea horse

der Glattrochen
skate

der Rochen
ray

der Goldfisch
goldfish

die Rückenflosse
dorsal fin

die Brustflosse
pectoral fin

der Schwanz
tail

die Kieme
gill

die Schuppe
scale

der Schwertfisch
swordfish

der Koikarpfen
koi carp

die Wirbellosen • invertebrates

die Ameise
ant

die Termite
termite

die Biene
bee

die Wespe
wasp

der Käfer
beetle

der Kakerlak
cockroach

die Motte
moth

der Fühler
antenna

der Schmetterling
butterfly

der Kokon
cocoon

die Raupe
caterpillar

die Grille
cricket

die Heuschrecke
grasshopper

die Gottesanbeterin
praying mantis

der
Stachel
sting

der Skorpion
scorpion

**der
Tausendfüßer**
centipede

die Libelle
dragonfly

die Fliege
fly

die Stechmücke
mosquito

der Marienkäfer
ladybird

die Spinne
spider

**die
Wegschnecke**
slug

die Schnecke
snail

der Wurm
worm

der Seestern
starfish

die Muschel
mussel

der Krebs
crab

der Hummer
lobster

der Krake
octopus

der Tintenfisch
squid

die Qualle
jellyfish

die Pflanzen • plants

der Baum • tree

das Blatt
leaf

der Zweig
twig

der Ast
branch

die Rinde
bark

die Weide
willow

die Wurzel
root

der Stamm
trunk

die Eiche
oak

die Pappel
poplar

der Eukalyptus
eucalyptus

die Lärche
larch

die Buche
beech

die Birke
birch

die Kiefer
pine

die Zeder
cedar

der Ahorn
maple

die Ulme
elm

die Linde
lime

die Stechpalme
holly

die Beere
berry

die Palme
palm

die blühende Pflanze • flowering plant

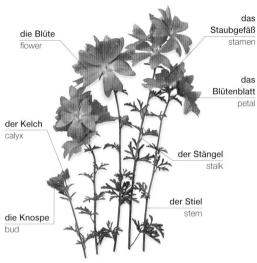

die Blüte
flower

der Kelch
calyx

die Knospe
bud

das
Staubgefäß
stamen

das
Blütenblatt
petal

der Stängel
stalk

der Stiel
stem

der Hahnenfuß
buttercup

das
Gänseblümchen
daisy

die Distel
thistle

der Löwenzahn
dandelion

das Heidekraut
heather

der
Klatschmohn
poppy

der Fingerhut
foxglove

das Geißblatt
honeysuckle

die
Sonnenblume
sunflower

der Klee
clover

die
Sternhyazinthen
bluebells

die
Schlüsselblume
primrose

die Lupinen
lupins

die Nessel
nettle

die Stadt • town

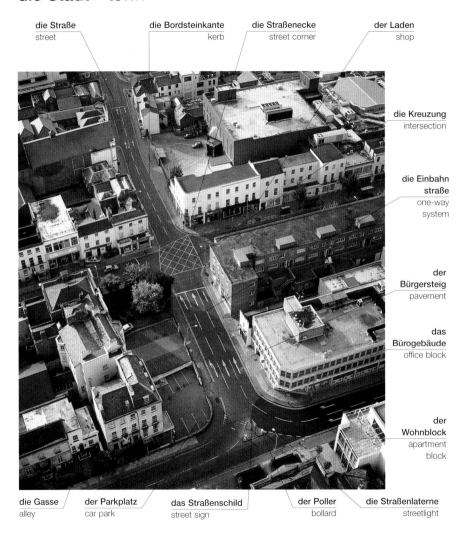

die Straße
street

die Bordsteinkante
kerb

die Straßenecke
street corner

der Laden
shop

die Kreuzung
intersection

die Einbahn
straße
one-way
system

der
Bürgersteig
pavement

das
Bürogebäude
office block

der
Wohnblock
apartment
block

die Gasse
alley

der Parkplatz
car park

das Straßenschild
street sign

der Poller
bollard

die Straßenlaterne
streetlight

die Gebäude • buildings

das Rathaus
town hall

die Bibliothek
library

das Kino
cinema

das Theater
theatre

die Universität
university

die Schule
school

der Wolkenkratzer
skyscraper

die Wohngegend • areas

das Industriegebiet
industrial estate

die Stadt
city

der Vorort
suburb

das Dorf
village

Vokabular • vocabulary

die Fußgängerzone pedestrian zone	**die Seitenstraße** side street	**der Kanalschacht** manhole	**der Rinnstein** gutter	**die Kirche** church
die Allee avenue	**der Platz** square	**die Bushaltestelle** bus stop	**die Fabrik** factory	**der Kanal** drain

die Architektur • architecture

die Gebäude und Strukturen • buildings and structures

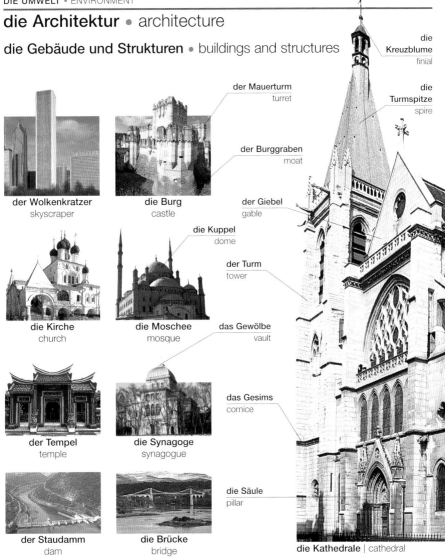

die
Kreuzblume
finial

die
Turmspitze
spire

der Mauerturm
turret

der Burggraben
moat

der Giebel
gable

die Kuppel
dome

der Turm
tower

das Gewölbe
vault

das Gesims
cornice

die Säule
pillar

der Wolkenkratzer
skyscraper

die Burg
castle

die Kirche
church

die Moschee
mosque

der Tempel
temple

die Synagoge
synagogue

der Staudamm
dam

die Brücke
bridge

die Kathedrale | cathedral

die Baustile • styles

gotisch
Gothic

der Architrav
architrave

die Renaissance
Renaissance

barock
Baroque

der Bogen
arch

der Fries
frieze

der Chor
choir

das Rokoko
Rococo

das Giebeldreieck
pediment

der Strebepfeiler
buttress

klassizistisch
Neoclassical

der Jugendstil
Art Nouveau

das Art-déco
Art Deco

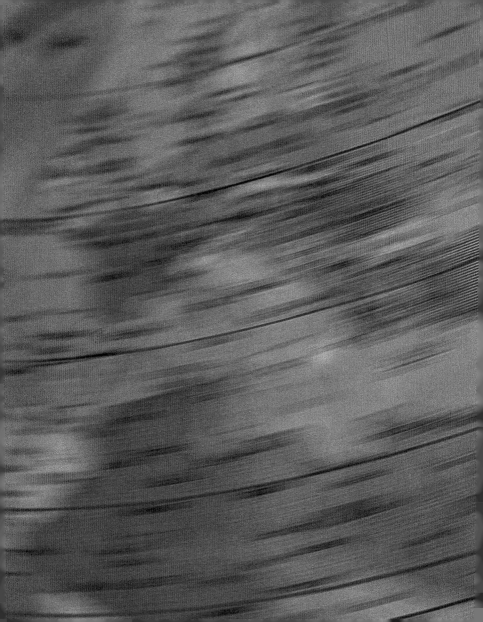

die Information
reference

die Uhrzeit • time

der Minutenzeiger
minute hand

der Stundenzeiger
hour hand

die Uhr
clock

Vokabular • vocabulary

die Stunde hour	**jetzt** now	**zwanzig Minuten** twenty minutes
die Minute minute	**später** later	**vierzig Minuten** forty minutes
die Sekunde second	**eine halbe stunde** half an hour	**eine Viertelstunde** a quarter of an hour

Wie spät ist es?
What time is it?

Es ist drei Uhr.
It's three o'clock.

fünf nach eins
five past one

zehn nach eins
ten past one

Viertel nach eins
quarter past one

zwanzig nach eins
twenty past one

der
Sekundenzeiger
second hand

fünf vor halb zwei
twenty five past one

ein Uhr dreißig
one thirty

fünf nach halb zwei
twenty five to two

zwanzig vor zwei
twenty to two

Viertel vor zwei
quarter to two

zehn vor zwei
ten to two

fünf vor zwei
five to two

zwei Uhr
two o'clock

die Nacht und der Tag • night and day

die Mitternacht
midnight

der Sonnenaufgang
sunrise

die Morgendämmerung
dawn

der Morgen
morning

der Sonnenuntergang
sunset

der Mittag
midday

die Abenddämmerung
dusk

der Abend
evening

der Nachmittag
afternoon

Vokabular • vocabulary

früh early	**Du bist früh.** You're early.	**Sei bitte pünktlich.** Please be on time.	**Wann ist es zu Ende?** What time does it finish?
pünktlich on time	**Du hast dich verspätet.** You're late.	**Bis später.** I'll see you later.	**Wie lange dauert es?** How long will it last?
spät late	**Ich werde bald dort sein.** I'll be there soon.	**Wann fängt es an?** What time does it start?	**Es ist schon spät.** It's getting late.

der Kalender • calendar

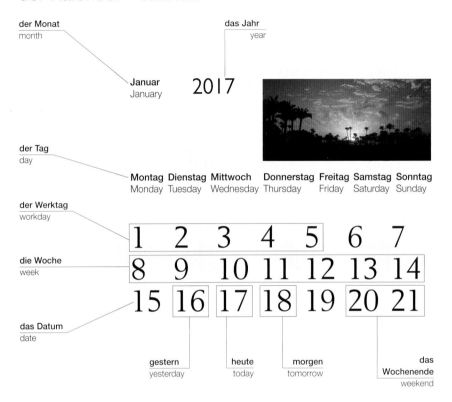

der Monat
month

das Jahr
year

Januar
January

2017

der Tag
day

Montag	Dienstag	Mittwoch	Donnerstag	Freitag	Samstag	Sonntag
Monday	Tuesday	Wednesday	Thursday	Friday	Saturday	Sunday

der Werktag
workday

1 2 3 4 5   6   7

die Woche
week

8 9 10 11 12 13 14

15 16 17 18 19 20 21

das Datum
date

gestern
yesterday

heute
today

morgen
tomorrow

das
Wochenende
weekend

Vokabular • vocabulary

Januar	März	Mai	Juli	September	November
January	March	May	July	September	November

Februar	April	Juni	August	Oktober	Dezember
February	April	June	August	October	December

---

die Jahre • years

1900 **neunzehnhundert** • nineteen hundred

1901 **neunzehnhunderteins** • nineteen hundred and one

1910 **neunzehnhundertzehn** • nineteen ten

2000 **zweitausend** • two thousand

2001 **zweitausendeins** • two thousand and one

die Jahreszeiten • seasons

der Frühling
spring

der Sommer
summer

der Herbst
autumn

der Winter
winter

Vokabular • vocabulary

das Jahrhundert century	**letzte Woche** last week	**monatlich** monthly
das Jahrzehnt decade	**nächste Woche** next week	**jährlich** annual
das Jahrtausend millennium	**vorgestern** the day before yesterday	**Welches Datum haben wir heute?** What's the date today?
vierzehn Tage fortnight	**übermorgen** the day after tomorrow	**Heute ist der siebte Februar zweitausendsiebzehn.**
diese Woche this week	**wöchentlich** weekly	It's February seventh, two thousand and seventeen.

die Zahlen • numbers

0	**null** • zero	20	**zwanzig** • twenty
1	**eins** • one	21	**einundzwanzig** • twenty-one
2	**zwei** • two	22	**zweiundzwanzig** • twenty-two
3	**drei** • three	30	**dreißig** • thirty
4	**vier** • four	40	**vierzig** • forty
5	**fünf** • five	50	**fünfzig** • fifty
6	**sechs** • six	60	**sechzig** • sixty
7	**sieben** • seven	70	**siebzig** • seventy
8	**acht** • eight	80	**achtzig** • eighty
9	**neun** • nine	90	**neunzig** • ninety
10	**zehn** • ten	100	**hundert** • one hundred
11	**elf** • eleven	110	**hundertzehn** • one hundred and ten
12	**zwölf** • twelve	200	**zweihundert** • two hundred
13	**dreizehn** • thirteen	300	**dreihundert** • three hundred
14	**vierzehn** • fourteen	400	**vierhundert** • four hundred
15	**fünfzehn** • fifteen	500	**fünfhundert** • five hundred
16	**sechzehn** • sixteen	600	**sechshundert** • six hundred
17	**siebzehn** • seventeen	700	**siebenhundert** • seven hundred
18	**achtzehn** • eighteen	800	**achthundert** • eight hundred
19	**neunzehn** • nineteen	900	**neunhundert** • nine hundred

1,000 **tausend** • one thousand

10,000 **zehntausend** • ten thousand

20,000 **zwanzigtausend** • twenty thousand

50,000 **fünfzigtausend** • fifty thousand

55,500 **fünfundfünfzigtausend-fünfhundert** • fifty-five thousand five hundred

100,000 **hunderttausend** • one hundred thousand

1,000,000 **eine Million** • one million

1,000,000,000 **eine Milliarde** • one billion

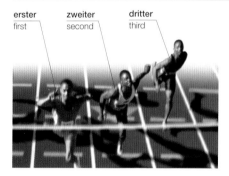

erster first **zweiter** second **dritter** third

vierter • fourth

fünfter • fifth

sechster • sixth

siebter • seventh

achter • eighth

neunter • ninth

zehnter • tenth

elfter • eleventh

zwölfter • twelfth

dreizehnter • thirteenth

vierzehnter • fourteenth

fünfzehnter • fifteenth

sechzehnter • sixteenth

siebzehnter • seventeenth

achtzehnter • eighteenth

neunzehnter • nineteenth

zwanzigster • twentieth

einundzwanzigster • twenty-first

zweiundzwanzigster • twenty-second

dreiundzwanzigster • twenty-third

dreißigster • thirtieth

vierzigster • fortieth

fünfzigster • fiftieth

sechzigster • sixtieth

siebzigster • seventieth

achtzigster • eightieth

neunzigster • ninetieth

hundertster • (one) hundredth

die Maße und Gewichte • weights and measures

die Waagschale
pan

die Fläche • area

der Qua-dratfuß	der Quadrat-meter
square foot	square metre

das Pfund
pound

das Kilogramm
kilogram

die Unze
ounce

das Gramm
gram

KRUPS

die Waage | scales

die Entfernung • distance

der Kilometer	die Meile
kilometre	mile

Vokabular • vocabulary

das Yard	**die Tonne**	**messen**
yard	tonne	measure (v)
der Meter	**das Milligramm**	**wiegen**
metre	milligram	weigh (v)

die Länge • length

der Fuß
foot

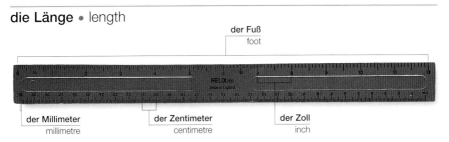

HELIX
Made in England

der Millimeter	der Zentimeter	der Zoll
millimetre	centimetre	inch

das Fassungsvermögen • capacity

der halbe Liter
half-litre

das Pint
pint

das Volumen
volume

der Milliliter
millilitre

der Messbecher
measuring jug

das Flüssigkeitsmaß
liquid measure

der Behälter • container

die Tüte
carton

das Päckchen
packet

die Flasche
bottle

der Beutel
bag

die Dose | tub

das Glas | jar

die Dose
can

die Dose | tin

der Sprühbehälter
liquid dispenser

das Stück
bar

die Tube
tube

die Rolle
roll

das Päckchen
pack

die Sprühdose
spray can

die Weltkarte • world map

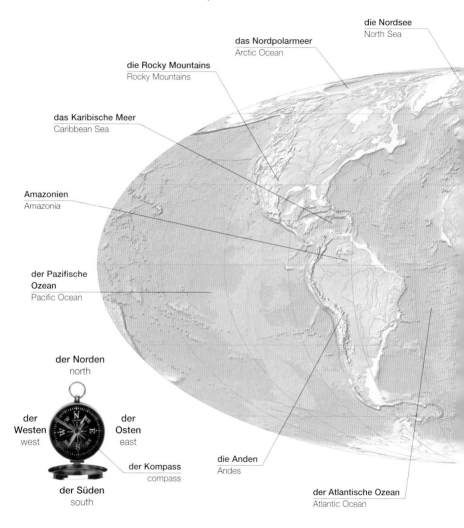

die Nordsee
North Sea

das Nordpolarmeer
Arctic Ocean

die Rocky Mountains
Rocky Mountains

das Karibische Meer
Caribbean Sea

Amazonien
Amazonia

der Pazifische Ozean
Pacific Ocean

der Norden
north

der Westen
west

der Osten
east

der Kompass
compass

der Süden
south

die Anden
Andes

der Atlantische Ozean
Atlantic Ocean

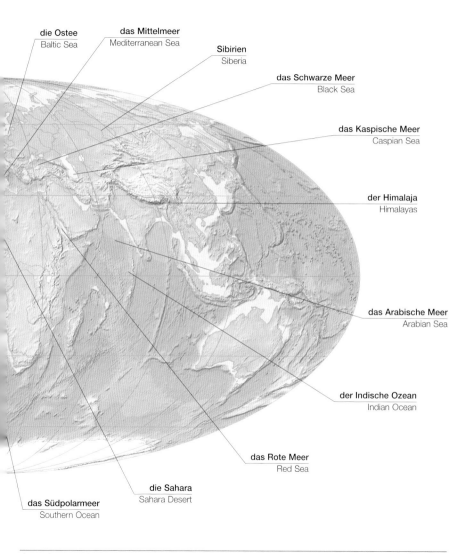

die Ostee
Baltic Sea

das Mittelmeer
Mediterranean Sea

Sibirien
Siberia

das Schwarze Meer
Black Sea

das Kaspische Meer
Caspian Sea

der Himalaja
Himalayas

das Arabische Meer
Arabian Sea

der Indische Ozean
Indian Ocean

das Rote Meer
Red Sea

die Sahara
Sahara Desert

das Südpolarmeer
Southern Ocean

Nord- und Mittelamerika • North and Central America

Hawaii
Hawaii

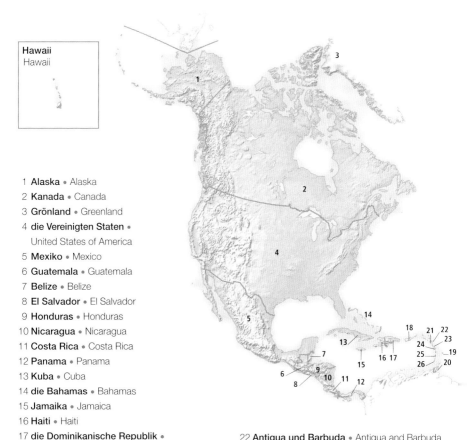

1 **Alaska** • Alaska
2 **Kanada** • Canada
3 **Grönland** • Greenland
4 **die Vereinigten Staten** • United States of America
5 **Mexiko** • Mexico
6 **Guatemala** • Guatemala
7 **Belize** • Belize
8 **El Salvador** • El Salvador
9 **Honduras** • Honduras
10 **Nicaragua** • Nicaragua
11 **Costa Rica** • Costa Rica
12 **Panama** • Panama
13 **Kuba** • Cuba
14 **die Bahamas** • Bahamas
15 **Jamaika** • Jamaica
16 **Haiti** • Haiti
17 **die Dominikanische Republik** • Dominican Republic
18 **Puerto Rico** • Puerto Rico
19 **Barbados** • Barbados
20 **Trinidad und Tobago** • Trinidad and Tobago
21 **Saint Kitts und Nevis** • St Kitts and Nevis
22 **Antigua und Barbuda** • Antigua and Barbuda
23 **Dominica** • Dominica
24 **Saint Lucia** • St Lucia
25 **Saint Vinzent und die Grenadinen** • St Vincent and The Grenadines
26 **Granada** • Grenada

Südamerika • South America

1 **Venezuela** • Venezuela

2 **Kolumbien** • Colombia

3 **Ecuador** • Ecuador

4 **Peru** • Peru

5 **die Galapagosinseln** •
Galápagos Islands

6 **Guyana** • Guyana

7 **Suriname** • Suriname

8 **Französisch-Guayana** •
French Guiana

9 **Brasilien** • Brazil

10 **Bolivien** • Bolivia

11 **Chile** • Chile

12 **Argentinien** • Argentina

13 **Paraguay** • Paraguay

14 **Uruguay** • Uruguay

15 **die Falklandinseln** •
Falkland Islands

Vokabular • vocabulary

der Staat state	**die Kolonie** colony	**die Zone** zone
das Land country	**die Provinz** province	**die Region** region
die Nation nation	**das Territorium** territory	**der Bezirk** district
der Kontinent continent	**das Fürstentum** principality	**die Hauptstadt** capital

Europa • Europe

1 **Irland** • Ireland

2 **das Vereinigte Königreich** •
   United Kingdom

3 **Portugal** • Portugal

4 **Spanien** • Spain

5 **die Balearen** •
   Balearic Islands

6 **Andorra** • Andorra

7 **Frankreich** • France

8 **Belgien** • Belgium

9 **die Niederlande** •
   Netherlands

10 **Luxemburg** • Luxembourg

11 **Deutschland** • Germany

12 **Dänemark** • Denmark

13 **Norwegen** • Norway

14 **Schweden** • Sweden

15 **Finnland** • Finland

16 **Estland** • Estonia

17 **Lettland** • Latvia

18 **Litauen** • Lithuania

19 **Kaliningrad** • Kaliningrad

20 **Polen** • Poland

21 **die Tschechische
   Republik** •
   Czech Republic

22 **Österreich** • Austria

23 **Liechtenstein** •
   Liechtenstein

24 **die Schweiz** •
   Switzerland

25 **Italien** • Italy

26 **Monaco** •
   Monaco

27 **Korsika** • Corsica

28 **Sardinien** • Sardinia

29 **San Marino** • San Marino

30 **die Vatikanstadt** •
   Vatican City

31 **Sizilien** • Sicily

32 **Malta** • Malta

33 **Slowenien** • Slovenia

34 **Kroatien** • Croatia

35 **Ungarn** • Hungary

36 **die Slowakei** • Slovakia

37 **die Ukraine** • Ukraine

38 **Weißrussland** • Belarus

39 **Moldawien** • Moldova

40 **Rumänien** • Romania

41 **Serbien** • Serbia

42 **Bosnien und Herzegowina** •
   Bosnia and Herzegovina

43 **Albanien** • Albania

44 **Mazedonien** • Macedonia

45 **Bulgarien** • Bulgaria

46 **Griechenland** • Greece

47 **Kosovo** • Kosovo

48 **Montenegro** • Montenegro

49 **Island** • Iceland

Afrika • Africa

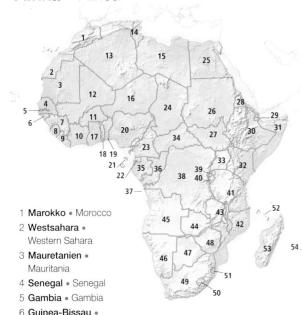

1 **Marokko** • Morocco

2 **Westsahara** •
Western Sahara

3 **Mauretanien** •
Mauritania

4 **Senegal** • Senegal

5 **Gambia** • Gambia

6 **Guinea-Bissau** •
Guinea-Bissau

7 **Guinea** • Guinea

8 **Sierra Leone** • Sierra Leone

9 **Liberia** • Liberia

10 **Elfenbeinküste** • Ivory Coast

11 **Burkina Faso** • Burkina Faso

12 **Mali** • Mali

13 **Algerien** • Algeria

14 **Tunesien** • Tunisia

15 **Libyen** • Libya

16 **Niger** • Niger

17 **Ghana** • Ghana

18 **Togo** • Togo

19 **Benin** • Benin

20 **Nigeria** • Nigeria

21 **São Tomé und Príncipe** •
São Tomé and Principe

22 **Äquatorialguinea** •
Equatorial Guinea

23 **Kamerun** • Cameroon

24 **Tschad** • Chad

25 **Ägypten** • Egypt

26 **der Sudan** • Sudan

27 **Südsudan** • South Sudan

28 **Eritrea** • Eritrea

29 **Dschibuti** • Djibouti

30 **Äthiopien** • Ethiopia

31 **Somalia** • Somalia

32 **Kenia** • Kenya

33 **Uganda** • Uganda

34 **die Zentralafrikanische
Republik** • Central African
Republic

35 **Gabun** • Gabon

36 **Kongo** • Congo

37 **Kabinda** • Cabinda

38 **die Demokratische Republik
Kongo** • Democratic Republic
of the Congo

39 **Ruanda** • Rwanda

40 **Burundi** • Burundi

41 **Tansania** • Tanzania

42 **Mosambik** • Mozambique

43 **Malawi** • Malawi

44 **Sambia** • Zambia

45 **Angola** • Angola

46 **Namibia** • Namibia

47 **Botsuana** • Botswana

48 **Simbabwe** • Zimbabwe

49 **Südafrika** • South Africa

50 **Lesotho** • Lesotho

51 **Swasiland** • Swaziland

52 **die Komoren** • Comoros

53 **Madagaskar** • Madagascar

54 **Mauritius** • Mauritius

Asien • Asia

1 die Türkei • Turkey
2 Zypern • Cyprus
3 die Russische Föderation • Russian Federation
4 Georgien • Georgia
5 Armenien • Armenia
6 Aserbaidschan • Azerbaijan
7 der Iran • Iran
8 der Irak • Iraq
9 Syrien • Syria
10 der Libanon • Lebanon
11 Israel • Israel
12 Jordanien • Jordan
13 Saudi-Arabien • Saudi Arabia
14 Kuwait • Kuwait
15 Bahrain • Bahrain
16 Katar • Qatar
17 Vereinigte Arabische Emirate • United Arab Emirates
18 Oman • Oman
19 der Jemen • Yemen
20 Kasachstan • Kazakhstan
21 Usbekistan • Uzbekistan
22 Turkmenistan • Turkmenistan
23 Afghanistan • Afghanistan
24 Tadschikistan • Tajikistan
25 Kirgisistan • Kyrgyzstan
26 Pakistan • Pakistan
27 Indien • India
28 die Malediven • Maldives
29 Sri Lanka • Sri Lanka
30 China • China
31 die Mongolei • Mongolia
32 Nordkorea • North Korea
33 Südkorea • South Korea
34 Japan • Japan

35 Nepal • Nepal
36 Bhutan • Bhutan
37 Bangladesch • Bangladesh
38 Myanmar (Birma) • Myanmar (Burma)
39 Thailand • Thailand
40 Laos • Laos
41 Vietnam • Vietnam

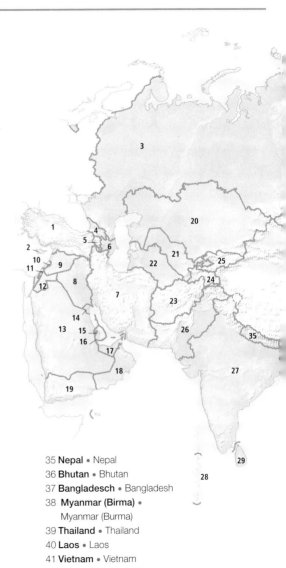

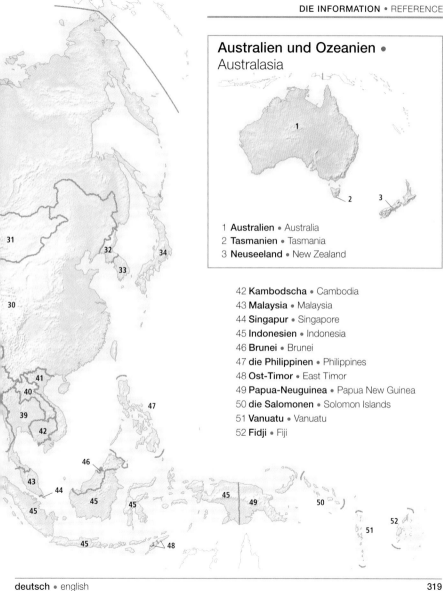

Australien und Ozeanien •
Australasia

1 **Australien** • Australia
2 **Tasmanien** • Tasmania
3 **Neuseeland** • New Zealand

42 **Kambodscha** • Cambodia
43 **Malaysia** • Malaysia
44 **Singapur** • Singapore
45 **Indonesien** • Indonesia
46 **Brunei** • Brunei
47 **die Philippinen** • Philippines
48 **Ost-Timor** • East Timor
49 **Papua-Neuguinea** • Papua New Guinea
50 **die Salomonen** • Solomon Islands
51 **Vanuatu** • Vanuatu
52 **Fidji** • Fiji

Partikeln und Antonyme • particles and antonyms

zu, nach to	**von, aus** from	**für** for	**zu** towards
über over	**unter** under	**entlang** along	**über** across
vor in front of	**hinter** behind	**mit** with	**ohne** without
auf onto	**in** into	**vor** before	**nach** after
in in	**aus** out	**bis** by	**bis** until
über above	**unter** below	**früh** early	**spät** late
innerhalb inside	**außerhalb** outside	**jetzt** now	**später** later
hinauf up	**hinunter** down	**immer** always	**nie** never
an, bei at	**jenseits** beyond	**oft** often	**selten** rarely
durch through	**um** around	**gestern** yesterday	**morgen** tomorrow
auf on top of	**neben** beside	**erste** first	**letzte** last
zwischen between	**gegenüber** opposite	**jede** every	**etwas** some
nahe near	**weit** far	**gegen** about	**genau** exactly
hier here	**dort** there	**ein wenig** a little	**viel** a lot

groß large	**klein** small	**heiß** hot	**kalt** cold
breit wide	**schmal** narrow	**offen** open	**geschlossen** closed
groß tall	**kurz** short	**voll** full	**leer** empty
hoch high	**niedrig** low	**neu** new	**alt** old
dick thick	**dünn** thin	**hell** light	**dunkel** dark
leicht light	**schwer** heavy	**leicht** easy	**schwer** difficult
hart hard	**weich** soft	**frei** free	**besetzt** occupied
nass wet	**trocken** dry	**stark** strong	**schwach** weak
gut good	**schlecht** bad	**dick** fat	**dünn** thin
schnell fast	**langsam** slow	**jung** young	**alt** old
richtig correct	**falsch** wrong	**besser** better	**schlechter** worse
sauber clean	**schmutzig** dirty	**schwarz** black	**weiß** white
schön beautiful	**hässlich** ugly	**interessant** interesting	**langweilig** boring
teuer expensive	**billig** cheap	**krank** sick	**wohl** well
leise quiet	**laut** noisy	**der Anfang** beginning	**das Ende** end

praktische Redewendungen • useful phrases

wesentliche Redewendungen
• essential phrases

Ja
Yes

Nein
No

Vielleicht
Maybe

Bitte
Please

Danke
Thank you

Bitte sehr
You're welcome

Entschuldigung
Excuse me

Es tut mir Leid
I'm sorry

Nicht
Don't

Okay
OK

In Ordnung
That's fine

Das ist richtig
That's correct

Das ist falsch
That's wrong

Begrüßungen•
greetings

Guten Tag
Hello

Auf Wiedersehen
Goodbye

Guten Morgen
Good morning

Guten Tag
Good afternoon

Guten Abend
Good evening

Gute Nacht
Good night

Wie geht es Ihnen?
How are you?

Ich heiße…
My name is…

Wie heißen Sie?
What is your name?

Wie heißt er/sie?
What is his/her name?

Darf ich… vorstellen
May I introduce…

Das ist…
This is…

Angenehm
Pleased to meet you

Bis später
See you later

Schilder • signs

Touristen-Information
Tourist information

Eingang
Entrance

Ausgang
Exit

Notausgang
Emergency exit

Drücken
Push

Lebensgefahr
Danger

Rauchen verboten
No smoking

Außer Betrieb
Out of order

Öffnungszeiten
Opening times

Eintritt frei
Free admission

Reduziert
Reduced

Ausverkauf
Sale

Bitte anklopfen
Knock before entering

Betreten des Rasens verboten
Keep off the grass

Hilfe • help

Können Sie mir helfen?
Can you help me?

Ich verstehe nicht
I don't understand

Ich weiß nicht
I don't know

Sprechen Sie Englisch?
Do you speak English?

Ich spreche Englisch
I speak English

Sprechen Sie bitte langsamer
Please speak more slowly

Schreiben Sie es bitte für mich auf
Please write it down for me

Ich habe… verloren
I have lost…

Richtungsangaben
• directions

Ich habe mich verlaufen
I am lost

Wo ist der/die/das…?
Where is the…?

Wo ist der/die/das nächste…?
Where is the nearest…?

Wo sind die Toiletten?
Where are the toilets?

Wie komme ich nach…?
How do I get to…?

Nach rechts
To the right

Nach links
To the left

Geradeaus
Straight ahead

Wie weit ist…?
How far is…?

die Verkehrsschilder •
road signs

Langsam fahren
Slow down

Achtung
Caution

Keine Zufahrt
No entry

Umleitung
Diversion

Rechts fahren
Keep to the right

Autobahn
Motorway

Parkverbot
No parking

Sackgasse
No through road

Einbahnstraße
One-way street

Vorfahrt gewähren
Give way

Anlieger frei
Residents only

Baustelle
Roadworks

gefährliche Kurve
Dangerous bend

Unterkunft •
accommodation

Ich habe ein Zimmer reserviert
I have a reservation

Wo ist das Esszimmer?
Where is the dining room?

Wann gibt es Frühstück?
What time is breakfast?

Ich bin um… Uhr wieder da
I'll be back at… o'clock

Ich reise morgen ab
I'm leaving tomorrow

Essen und Trinken
• eating and drinking

Zum Wohl!
Cheers!

Es ist köstlich/scheußlich
It's delicious/awful

Ich trinke/rauche nicht
I don't drink/smoke

Ich esse kein Fleisch
I don't eat meat

Nichts mehr, danke
No more for me, thank you

Könnte ich noch etwas mehr haben?
May I have some more?

Wir möchten bitte zahlen
May we have the bill?

Ich hätte gerne eine Quittung
Can I have a receipt?

der Raucherbereich
Smoking area

die Gusundheit•
health

Ich fühle mich nicht wohl
I don't feel well

Mir ist schlecht
I feel sick

Wird er/sie sich wieder erholen?
Will he/she be all right?

Es tut hier weh
It hurts here

Ich habe Fieber
I have a temperature

Ich bin im… Monat schwanger
I'm… months pregnant

Ich brauche ein Rezept für…
I need a prescription for…

Ich nehme normalerweise…
I normally take…

Ich bin allergisch gegen…
I'm allergic to…

deutsches register • German index

deutsch

deutsch

Breite f 165
Breitengrad m 283
Bremsbacke f 207
Bremse f 200, 204
bremsen 207
Bremsflüssigkeits-
behälter m 202
Bremsgriff m 207
Bremspedal n 205
Brenner m 67
Brettspiele f 272
Bridge f 273
Brie m 142
Brief m 98
Brieffreund m 24
Briefkasten m 58, 99
Briefmarke f 98
Briefmarken f 112
Briefmarkensammeln n
273
Brieftasche f 37
Briefträger m 98, 190
Briefumschlag m 173
Brille f 51
Brillengestell n 51
Brioche f 157
Brokkoli m 123
Brombeere f 127
Bronze f 235
Brosche f 36
Broschüren f 96
Brot n 138, 157
Brot backen 138
Brötchen n 139, 143,
155
Brotfrucht f 124
Brotmesser n 68
Brotschneider m 139
browsen 177
Browser m 177
Bruch m 165
Brücke f 300
Bruder m 22
Brühe f 158
Brunei 319
brünett 39
Brunnenkresse f 123
Brust f 12, 119
Brustbein n 17
Brustflosse f 294
Brustkorb m 17
Brustmuskel m 16
Brustpumpe f 53
Brustschwimmen n 239
Brustübung f 251
Brustwarze f 12
Brustwirbel f 17
Brutkasten m 53
Bube m 273
Bubikopf m 39
Buch n 168
Buche f 296
Bücherregal n 63, 168
Buchhalter m 97
Buchhaltung f 175
Buchladen m 115
buchstabieren 162
Buffet n 152

Bug m 210, 214, 240
Bügelbrett n 76
Bügeleisen n 76
bügeln 76
Bugfahrwerk m 210
Buggy m 232
Bühne f 254
Bühnenbild n 254
Bukett n 35
Bulgarien 316
Bullauge n 214
Bull's Eye n 273
Bund m 258
Bungalow m 58
Bungeejumping n 248
Bunker m 232
Bunsenbrenner m 166
bunte Mischung f 113
Buntstift n 163
Burg f 300
Bürgersteig m 298
Burggraben m 300
Burkina Faso 317
Büro n 24, 172, 174
Büroausstattung f 172
Bürobedarf m 173
Bürogebäude m 298
Büroklammer f 173
bürsten 38, 50
Burundi 317
Bus m 196
Busbahnhof m 197
Busfahrer m 190
Bushaltestelle f 197,
299
Businessclass f 211
Büstenhalter m 35
Bustier n 35
Bustypen f 196
Butter f 137, 156
Butterfly m 239
Buttermilch f 137
Butternusskürbis m 125
Bytes f 176

C

Caddie m 233
Café n 148, 262
Cafetière f 65
Camcorder m 260, 269
Camembert m 142
Campari m 145
Camping n 266
Campingplatz m 266
Campingplatzver-
waltung f 266
Campus m 168
Cappuccino m 148
Cashewnuss f 129
Cashewnüsse f 151
CD-Platte f 269
CD-Spieler m 268
Cello n 256
Champagner m 145
Chassis n 203
Check-up m 50
Cheddar m 142

Cheerleader m 220
Chef m 24
Chemie f 162
Chickenburger m 155
Chicorée m 122
Chile 315
Chili m 132
China 318
Chinakohl m 123
chippen 233
Chips f 113
Chiropraktik f 54
Chirurg m 48
Chirurgie f 49
Chor m 301
Chorizo f 143
Chutney n 135
Cockpit n 210
Cocktail m 151
Cocktailrührer m 150
Cocktailshaker m 150
Cola f 144
Collage f 275
Comicheft n 112
Computer m 176
Container m 216
Containerhafen m 216
Containerschiff n 215
Controller m 269
Costa Rica 314
Couchtisch m 62
Countrymusic f 259
Cousin m 22
Capoeira f 237
Creme f 109
Crêpes f 155
Crew f 241
Croissant n 156
CT-Scan m 48
Curling n 247
Curry n 158
Currypulver n 132

D

Dach n 58, 203
Dachboden m 58
Dachgarten m 84
Dachgepäckträger m
198
Dachsparren m 186
Dachvorsprung m 58
Dachziegel m 58, 187
Dame f 272, 273
Damenbinde f 108
Damenkleidung f 34
Damenoberbekleidung f
105
Damensattel m 242
Damenschneiderin f 191
Damenwäsche f 105
Damespiel n 272
Dammschnitt m 52
dämpfen 67
Dampflokomotive f 208
Dänemark 316
Darlehen n 96

Darts n 273
Dartscheibe f 273
Datei f 177
Dattel f 129
Datum n 306
Dauerwelle f 39
Daumen m 15
Deck n 214
Deckanstrich m 83
Decke f 62, 71, 74
Deckel m 61, 66, 69
decken 227
Dekoration f 141
Delphin m 290
Deltamuskel m 16
Demokratische Republik
Kongo f 317
den Anker werfen 217
den Ball abgeben 220,
221, 223
den Fernseher
abschalten 269
den Fernseher
einschalten 269
den Kanal wechseln
269
den Tisch decken 64
den Vorsitz führen 174
den Wecker stellen 71
Deo n 73
Deos f 108
Dermatologie f 49
Designer m 191
Desinfektionsmittel n 51
Desinfektionstuch n 47
Desktop n 177
Dessertwagen m 152
Deutschland 316
Dezember 306
Diagonale f 164
Diamant m 288
Diaphragma n 21
dichte Nebel m 287
Dichtung f 61
Dickdarm m 18
dicke Bohne f 122
Diele f 59
Dienstag m 306
Dienstleistungen f 94,
101
Diesel m 199
Diesellokomotive f 208
diese Woche 307
digital 179, 269
Digitale Box f 269
Digitalkamera f 270
Digitalprojektor m 163
Digitalradio n 268
Dill m 133
Dioptrie f 51
Diplom n 169
Dirigent m 256
Diskuswerfen n 234
diskutieren 163
Dissertation f 169
Distel f 297
Disziplinen f 247
dividieren 165

Diwali n 27
DJ m 179
Dock n 214, 216
Dokumentarfilm m 178
Dominica 314
Dominikanische
Republik f 314
Domino n 273
Donner m 286
Donnerstag m 306
Doppel n 230
Doppelbett n 71
Doppeldecker m 196,
211
Doppel (haus) 58
doppelt 151
Doppelzimmer n 100
Dorf n 299
Dörrobst n 129, 156
Dose f 145, 311
Dosengetränk n 154
Dosenöffner m 68
Dosierung f 109
Dozent m 169
Drachen m 248
Drachenfliegen n 248
Draht m 79
Drahtschneider m 81
drechseln 79
Drehscheibe f 275
Drehstuhl m 172
Drehzahlmesser m 201
drei 308
Dreieck n 164
Dreifuß m 166
dreihundert 308
Dreipunktlinie f 226
dreißig 308
dreißigster 309
dreitürig 200
dreiundzwanzigster 309
dreizehn 308
dreizehnter 309
Dress m 222
Dressurreiten n 243
dribbeln 222
dritter 309
driven 233
drucken 172
Drucken n 275
Drucker m 172, 176
Druck farbe f 275
Druckknopf m 30
Druckluftflasche f 239
Drüse f 19
Dschibuti 317
Dufflecoat m 31
Duftsträußchen n 111
düngen 91
Dünger m 91
dunkel 41
Dunkelkammer f 271
Dünndarm m 18
Dunstabzug m 66
Durchfall m 44, 109
Durchmesser m 164
Durchschwung m 233
Dusche f 72

deutsch

deutsch

deutsch

DEUTSCHES REGISTER • GERMAN INDEX

Hackfleisch n 119
Hackmesser n 68
Hafen m 214, 216, 217
Hafenmeister m 217
Hafer m 130
Haftbefehl m 180
Haftentlassung auf Bewährung f 181
Hagel m 286
Hahn m 61, 185
Hähnchen n 119
Hähnchenstückchen f 155
Hahnenfuß m 297
Hai m 294
Haiti 314
Häkeln n 277
Häkelnadel f 277
Haken m 187, 276
halbdunkle Bier n 145
halbe Liter m 311
halbfeste Käse m 136
Halbfettmilch f 136
Halbinsel f 282
Halbpension f 101
Halfter n 243
Halloween n 27
Hals m 12, 258
Halskette f 36
Halskrawatte f 46
Halspastille f 109
Halstuch n 36
Halswirbel f 17
Haltegriff m 196
Halteknopf m 197
halten 223
Halten verboten 195
Haltung f 232
Hämatit m 289
Hamburger m 154, 155
Hamburger mit Pommes frites m 154
Hammer m 80
hämmern 79
Hamster m 290
Hand f 13
Hand n 15
Handbohrer m 81
Handbremse f 203
Handfeger m 77
Handfläche f 15
Handgabel f 89
Handgelenk n 13, 15
Handgepäck n 211, 213
Handicap n 233
Handknöchel m 15
Handrad n 276
Handsäge f 89
Handschellen f 94
Handschuh m 224, 228, 233, 236, 246
Handschuhe f 36
Handtasche f 37
Handtuch n 73
Handtücher f 73

Handtuchhalter m 72
Handy n 99
Hang m 284
Hängematte f 266
Hängeordner m 173
Hantel f 251
Hardware f 176
Harfe f 256
harken 90
Harnleiter m 21
Harnröhre f 20
Harnsystem n 19
hart 129
Hartfaserplatte f 79
Hartholz n 79
Hartkäse m 136
Haselnuss f 129
Haselnussöl n 134
Hauptfahrwerk n 210
Hauptgericht n 153
Hauptmahlzeit f 158
Haupt-stadt f 315
Haus n 58
Hausanschlüsse f 60
Hausapotheke f 72
Hausaufgabe f 163
Hausbriefkasten m 99
Haushaltswaage f 69
Haushaltswaren f 107
Hausschuhe f 31
Haustür f 58
Haustürlampe f 58
Haut f 14, 119
Hautausschlag m 44
Hautpflege f 108
Hawaii 314
Heavy Metal n 259
Hebamme f 53
Hebel m 61, 150
Heck n 210, 240
Hecke f 85, 90, 182
Heckenschere f 89
Hecktür f 198
Hefe f 138
Heft n 163
heften 277
Hefter m 173
hegen 91
Heidekraut n 297
Heidelbeere f 127
Heilbuttfilets f 120
Heilkraut n 55
Heimwerkstatt f 78
heiraten 26
heiß 286
heißen Getränke f 144
heiße Schokolade f 144
Heißluftballon m 211
Heißwasserhahn m 72
Heizdecke f 71
Heizelement n 61
Heizkörper m 60
Heizlüfter m 60
Heizofen m 60
Heizungsregler m 201
hell 41
Helm m 220, 228
Hemd n 33

Hemdchen n 30
Henkel m 106
Herbizid n 183
Herbst m 31, 307
Herde f 183
Hering m 266
Herr m 23
Herrenbekleidung f 105
Herrenfriseur m 39
Herrenhalbschuh m 37
Herrenkleidung f 32
herunterladen 177
Herz n 18, 119, 122, 273
Herzinfarkt m 44
Herzmuschel f 121
Herz und Gefäßsystem n 19
Heu n 184
Heuschnupfen m 44
Heuschrecke f 295
heute 306
Hieb m 237
hier essen 154
Hi-Fi-Anlage f 268
Hilfskoch m 152
Himalaja m 313
Himbeere f 127
Himbeerkonfitüre f 134
Hindernis n 243
hinterherlaufen 229
Hinterrad n 197
Hirsch m 291
Hirse f 130
historische Gebäude n 261
HNO-Abteilung f 49
Hobel m 81
hobeln 79
hoch 271
hochauflösend 269
hochbinden 91
Hochgeschwindigkeits-zug m 208
hochglanz 271
Hochschule f 168
Hochseefischerei f 245
Hochsprung m 235
Höchsttlade-marke f 214
Hochzeit f 26, 35
Hochzeitsfeier f 26
Hochzeitskleid n 35
Hochzeitsreise f 26
Hochzeitstag m 26
Hochzeitstorte f 141
hochziehen 251
Höcker m 291
Hockey n 224
Hockeyball m 224
Hockeyschläger m 224
Hoden m 21
Hodensack m 21
Hof m 58, 84, 182
Höhe f 165, 211
Höhen leitwerk n 210
Höhle f 284
Hole-in-One n 233

Holz n 79, 233, 275
Holzarbeit f 275
Holzblasinstrumente f 257
Holzbohrer f 80
Holzkohle f 266
Holzleim m 78
Holzlöffel m 68
Holzspäne f 78
homogenisiert 137
Homöopathie f 55
Honduras 314
Honigwabe f 134
Hörer m 99
Hormon n 20
Horn n 257, 291
Hornhaut f 51
Horrorfilm m 255
Hörsaal m 169
Hose f 32, 34
Hot Dog n 155
Hotel n 100, 264
Hubschrauber m 211
Huf m 242, 291
Hufeisen n 242
Hüfte f 12
Hügel m 284
Huhn m 185
Hühnerei n 137
Hühnerfarm f 183
Hühnerstall m 185
Hülse f 130
Hülsenfrüchte f 131
Hummer m 121, 295
Hund m 290
hundert 308
hundertster 309
hunderttausend 309
hundertzehn 308
Hundeschlittenfahren n 247
hungrig 64
Hupe f 201, 204
Hürdenlauf m 235
Hurrikan m 287
Husten m 44
Hustenmedikament n 108
Hut m 36
Hüttenkäse m 136
Hydrant m 95
Hypnotherapie f 55
hypoallergen 41
Hypotenuse f 164
Hypothek f 96

I

Igel m 290
Imbissstand m 154
Imbissstube f 154
immergrün 86
Immobilienmakler m 115
Immobilienmaklerin f 189
Impfung f 45
impotent 20

in den Ruhestand treten 26
Indien 318
indigoblau 274
Indische Ozean m 313
Indonesien 319
Industriegebiet n 299
Infektion f 44
information f 304
Information f 261
Ingwer m 125, 133
Inhalations apparat m 44
Inhalierstift m 109
Inlandsflug m 212
Inlinefahren n 263
Inlineskaten f 249
Innenausstattung f 200
Innenfeld n 228
Innereien f 118
innere Kern m 282
inneren Organe f 18
Inning n 228
in Ohnmacht fallen 25, 44
im Öl 143
in Saft 159
ins Bett gehen 71
Insektenschutzmittel n 108
Insektenspray m 267
Insel f 282
in Sicherheit 228
in Soße 159
Inspektor m 94
Installation f 61
installieren 177
Instrumente f 258
Insulin n 109
Intensivstation f 48
Intercity m 209
Internet n 177
Interviewer m 179
Ionosphäre f 286
Irak m 318
Iran m 318
Iris f 51, 110
Irland 316
Island 316
Isolierband n 81
Isolierung f 61
Israel 318
Italien 316

J

Jachhafen m 217
Jacht f 215
Jacke f 32, 34
Jade m 288
Jagdflugzeug n 211
Jagdrennen n 243
Jahr n 306
Jahre f 307
Jahreszeiten f 307
Jahrhundert n 307
jährlich 307
Jahrmarkt m 262
Jahrtausend n 307

Jahrzehnt n 307
Jakobsmuschel f 121
Jalousie f 63
Jamaika 314
Jamswurzel f 125
Januar 306
Januar m 306
Japan 318
jäten 91
Jazz m 259
Jeans f 31, 33
Jemen m 318
Jetskifahren n 241
Jett m 288
jetzt 304
Jogging n 251, 263
Joghurt m 137
Johannisbeere f 127
Joker m 273
Jordanien 318
Journalist m 191
Judo n 236
Jugendliche f 23
Jugendstil m 301
Juli 306
Junge m 23
Junge n 290
Juni 306
Jupiter m 280
Juwelier m 188
Juwelierarbeit f 275
Juweliergeschäft n 114

K

Kabel n 79, 207
Kabelfernsehen n 269
Kabeljau m 120
Kabinda 317
Kabine f 210, 214
Kabinenlift m 246
Kabriolett n 199
kacheln 82
Käfer m 295
Kaffee m 144, 148, 153, 156, 184
Kaffeemaschine f 148, 150
Kaffeemilchshake m 149
Kaffee mit Milch m 148
Kaffeetasse f 65
kahl 39
Kai m 216
Kaiserschnitt m 52
Kajak n 241
Kajakfahren n 241
Kakadu m 293
Kakaopulver n 148
Kakerlak m 295
Kaki f 128
Kaktus m 87
Kaktusfeige f 128
Kalb n 185
Kalbfleisch n 118
Kalender m 306
Kaliningrad 316
Kalk m 85

Kalkstein m 288
kalt 286
kaltgepresste Öl n 135
Kaltwasserhahn m 72
Kalzit m 289
Kalzium n 109
Kambodscha 319
Kamel n 291
Kamera f 178, 260
Kamera-Handy n 270
Kamerakran m 178
Kameramann m 178
Kameratasche f 271
Kamerun 317
Kamillentee m 149
Kamin m 62
Kamm m 38
kämmen 38
Kammer f 283
Kampf m 237
Kampfsport m 236
Kampfsportarten f 237
Kanada 314
Kanal m 178, 299
Kanalschacht m 299
Kanarienvogel m 292
kandierten Früchte f 129
Känguru n 291
Kaninchen n 118, 290
Kännchen n 65
Kante f 246
Kanter m 243
Kanu n 214
Kapern f 143
Kapitalanlage f 97
Kapitän m 214
Kapsel f 109
Kapstachelbeere f 128
Kapuze f 31
Kapuzenmuskel m 16
Karamell m 113
Karamellpudding m 141
Karate n 236
Kardamom m 132
Kardanwelle f 202
Kardiologie f 49
Karibische Meer n 312
Karies f 50
Karneval m 27
Karo n 273
Karosserie f 202
Karotte f 124
Karte f 27
Karten f 273
Kartenreiter m 173
Kartenschlitz m 97
Kartenspiel n 273
Kartoffel f 124
Kartoffelchips f 151
Kartoffelstampfer m 68
Kasachstan 318
Käse m 136, 156
Kasino n 261
Kaspische Meer n 313
Kasse f 106, 150, 255
Kasserolle f 69
Kassette f 269

Kassettenrekorder m 269
Kassierer m 96, 106
Katamaran m 215
Katar 318
Kathedrale f 300
Katheter m 53
Kätzchen n 290
Katze f 290
Katzenauge n 204
Kaufhaus n 105
Kaugummi m 113
Kaulquappe f 294
Kaution f 181
Kebab m 155
Kegel m 164, 249
Kehldeckel m 19
Kehle f 19
Kehlkopf m 19
Keilriemen m 203
Keilschuh m 37
keine Einfahrt 195
Keks m 113
Kekse f 141
Kelch m 297
Kelle f 187
Kellergeschoss n 58
Kellner m 148, 152
Kellnerin f 191
Kendo n 236
Kenia 317
Kenn-marke f 94
kentern 241
Kern m 122, 127, 128, 129, 130
Kerngehäuse n 127
kernlos 127
Kescher m 244
Kessel m 61
Kesselpauke f 257
Ketchup m 135
Kette f 36
Kettenzahnrad n 207
Keule f 119, 167
Keyboard n 258
Kichererbsen f 131
Kickboxen n 236
kicken 221, 223
Kiefer f 296
Kieferknochen m 17
Kiel m 214
Kieme f 294
Kies m 88
Kilogramm n 310
Kilometer m 310
Kilometerzähler m 201
Kind n 23, 31
Kinder n 23
Kinderabteilung f 104
Kinderbett n 74
Kinderkleidung f 30
Kinderportion f 153
Kindersicherung f 75
Kindersitz m 198, 207
Kinderstation f 48
Kinderstuhl m 75
Kinderwagen m 75
Kinderzimmer n 74

Kinn n 14
Kino n 255, 299
Kinosaal m 255
Kipper m 187
Kirche f 299, 300
Kirgisistan 318
Kirsche f 126
Kirschtomate f 124
Kissenbezug m 71
Kiwi f 128
Klammer f 166
Klammern f 173
Klampe f 240
Klappe f 179
Klapptisch m 210
Klarinette f 257
Klasse f 163
Klassenzimmer n 162
klassische Musik f 255, 259
klassizistisch 301
Klatschmohn m 297
Klaue f 291
Klavier m 256
Klebstoff m 275
Klee m 297
Kleid n 31, 34
Kleiderbügel m 70
Kleiderschrank m 70
Kleidung f 205
Kleie f 130
Kleinbus m 197
kleine Finger m 15
kleine Trommel f 257
kleine Zeh m 15
Kleinkind n 30
Kleisterbürste f 82
Klementine f 126
Klemmbrett n 173
Klempner m 188
Klettergerüst n 263
Klettern n 248
Kletterpflanze f 87
Klient m 180
Klimaanlage f 200
Klinge f 89
Klingel f 197
Klinik f 48
Klippe f 285
Klitoris f 20
Klöppel m 277
Klubhaus n 232
Klubsandwich m 155
Knabbereien f 151
Knäckebrot n 139, 156
knackig 127
Knebelknopf m 31
Kneten 138
Knie n 12
Kniebeuge f 251
knielang 34
Kniescheibe f 17
Knieschützer m 205, 227
Kniesehnen strang m 16
Knoblauch m 125, 132
Knoblauchpresse f 68

Knöchel m 13, 15
knöchellang 34
Knochen m 17, 119
Knochenasche f 88
Knockout m 237
Knopf m 32
Knopfloch n 32
Knorpel m 17
Knospe f 111, 297
Koalabär m 291
Koch m 190
köcheln lassen 67
Kochen n 67
Köcher m 249
Kochfeld n 67
Kochmütze f 190
Kochtopf m 69
Köder m 244
Köderhaken m 244
ködern 245
Kofferkuli m 100, 208, 213
Kofferraum m 198
Kohl m 123
Kohle f 288
Kohlestift m 275
Kohlrabi m 123
Kohlrübe f 125
Koikarpfen m 294
Kokon m 295
Kokosnuss f 129
Kolben m 166
Kolibri m 292
Kollege m 24
Kolonie f 315
Kolumbien 315
Kombinationszange f 80
Kombiwagen m 199
Kombüse f 214
Komet m 280
Kommandobrücke f 214
Kommandoturm m 215
Kommode f 70
Kommunikation f 98
Komödie f 255
Komoren f 317
Kompass m 240, 312
Komposterde f 88
Kompost haufen m 85
Kondensmilch f 136
Konditorcreme f 140
Konditorei f 114
Kondom n 21
Konfitüre f 156
Konglomerat n 288
Kongo 317
König m 272, 273
Konserven f 107
Konsultation f 45
Kontaktlinsen f 51
Kontaktlinsen behälter m 51
Kontinent m 282, 315
Kontonummer f 96
Kontoüberziehung f 96
Kontrabass m 256
Kontrafagott n 257

deutsch

deutsch

deutsch

Pfingstrose f 111
Pfirsich m 126, 128
pflanzen 183
Pflanzen f 296
Pflanzenarten f 86
Pflanzenöl n 135
Pflanzenschildchen f 89
Pflanzschaufel f 89
Pflaster n 47
Pflaume f 126
pflücken 91
pflügen 183
pfropfen 91
Pfund n 310
Phantombild n 181
Philippinen f 319
Philosophie f 169
Physik f 162, 169
Physiotherapie f 49
Picknick n 263
Picknickbank f 266
Pick-nickkorb m 263
Pier m 217
Pik n 273
pikante Wurst f 142
Pikkoloflöte f 257
Pilates n 251
Pille f 21
Pilot m 190, 211
Pilz m 125
Piment m 132
Pinguin m 292
Piniennuss f 129
PIN-Kode m 96
Pinne f 240
Pinnward f 173
Pinsel m 274
Pint n 311
Pintobohnen f 131
Pinzette f 40, 47, 167
Pipette f 167
Pistazie f 129
Pistole f 94
Pitabrot f 139
Pizza f 154, 155
Pizzabelag m 155
Pizzeria f 154
Plädoyer n 180
Plakat n 255
Plakatfarbe f 274
Planet m 280, 282
Planken f 85
Planschbecken n 263
Plastiktüte f 122
plastische Chirurgie f 49
Plateau n 284
Platin n 289
Platte f 283
Platten f 85
Plattenspieler m 268
Platz m 299
Platzanweiser m 255
Plazenta f 52
plus 165
Pluto m 280
pochieren 67
pochiert 159
Podium n 256

Poker n 273
Pol m 60, 282
Polarlicht n 286
Polaroidkamera f 270
Polen 316
polieren 77
Politologie f 169
Politur f 77
Polizei f 94
Polizeiauto n 94
Polizeiwache f 94
Polizeizelle f 94
Polizist m 94, 189
Poller m 214, 298
Polo n 243
Polster f 224, 225
Polyester n 277
Pommes frites f 154
Poolbillard n 249
Pop m 259
Popcorn n 255
Pore f 15
Porridge m 157
Port m 176
Portefeuille n 97
Portemonnaie n 37
Portion f 64
Portionierer m 68
Portugal 316
Portwein m 145
Porzellan n 105
Posaune f 257
Pose f 244
positive Elektrode f 167
Post f 98
Postanweisung f 98
Postbeamte m 98
Posteingang m 177
Postgebühr f 98
postgraduiert 169
Postkarte f 112
Postleitzahl f 98
Postsack m 98
Poststempel m 98
Posttasche f 190
Praline f 113
Präsentation f 174
Preis m 152
Preiselbeere f 127
Preisliste f 154
Premiere f 254
Presse f 178
Pressluftbohrer m 187
Privatbadezimmer n 100
private Fitnesstrainerin f 250
Privatjet m 211
Privatunterhaltung f 268
Privatzimmer n 48
Probleme f 271
Produzent m 254
Profilsäge f 81
Programm n 176, 254, 269
Programm-gestaltung f 178
Promenade f 265

Promotion f 169
Propeller m 211
Prosciutto m 143
Prospekt m 254
Prostata f 21
Protokoll n 174
Protokollführer m 180
Provinz f 315
Provision f 97
Prozentsatz m 165
Prozessor m 176
Prüfung f 163
Psychiatrie f 49
Psychotherapie f 55
Publikum n 254
Puck m 224
Puder m 109
Puderdose f 40
Puderpinsel m 40
Puderquaste f 40
Puderrouge n 40
Puerto Rico 314
Pullover m 33
Puls m 47
Pult n 162
Pulver n 77
Pumps m 37
Punkmusik f 259
Punkt m 273
pünktlich 305
Pupille f 51
Puppe f 75
Puppenhaus m 75
püriert 159
Pute f 119
Putter m 233
putzen 77
Puzzle n 273
Pyramide f 164

Q

Qua-dratfuß m 310
Quadrat-meter m 310
Quadrat n 164
Qualle f 295
Quappe f 120
Quart n 311
Quarz m 289
Quecksilber m 289
quer 271
Querflöte f 257
Querlatte f 222
Querruder n 210
Quiche f 142
Quitte f 128
Quittung f 152

R

Rachen m 19
Rack n 268
Racquetball n 231
Rad n 198, 207, 235
Radar m 214, 281
Rad fahren 207
Radfahren n 263

Radicchio m 123
Radiergummi m 163
Radieschen n 124
Radio n 179, 268
Radio einstellen n 269
Radiologie f 49
Radiowecker m 70
Radius m 164
Radkappe f 202
Radmuttern f 203
Radschlüssel m 203
Rafting n 241
Rahmen m 206
Rahmkäse m 136
Rakete f 211
Rallyefahren n 249
RAM n 176
Ramadan m 27
Rap m 259
Raps m 184
Rapsöl m 135
Rasen m 85, 90
Rasenmäher m 88, 90
Rasensprenger m 89
Rasieren n 73
Rasierklinge f 73
Rasierschaum m 73
Rasierwasser n 73
Rassel f 74
Rathaus n 299
Ratte f 290
Rauch m 95
Rauchen n 112
Räucherfisch m 143
Räucherheringe f 157
Rauchmelder m 95
Rauke f 123
Raumanzug m 281
Raumfähre f 281
Raumforschung f 281
Raumstation m 281
Raupe f 295
Raureif m 287
read 162
Reagenzglas n 166
Rebound m 226
Rechen m 88
Rechnung f 152
Recht n 180
Rechteck n 164
rechte Feld n 229
rechte Spur f 194
rechts 260
rechts abbiegen
verboten 195
Rechtsabteilung f 175
Rechtsanwalt m 180
Rechtsanwältin f 190
Rechtsberatung f 180
Rechtssteuerung f 201
Rechtswissenschaft f 169
Reck n 235
Recyclingbehälter m 61
Redakteurin f 191
Reflexzonenmassage f 54
Reformhaus n 115

Regen m 287
Regenbogen m 287
Regenbogenforelle f 120
Regenhaut f 245, 267
Regenmantel m 31, 32
Regenschirm m 36
Regenwald m 285
Reggae m 259
Region f 315
Regisseur m 254
Reibahle f 80
Reibe f 68
reiben 67
reif 129
Reifen m 198, 205, 206
Reifendruck m 203
Reifenpanne f 203, 207
Reifenprofil n 207
Reifenschlüssel m 207
Reihe f 210, 254
Reihen (haus) 58
Reiki n 55
Reiniger m 41
Reinigung f 115
Reinigungsartikel f 77
Reinigungsmittel n 51, 77
Reinigungstuch n 108
Reis m 130, 158, 184
Reisebüro n 114
Reisebürokauffrau f 190
Reisebus m 196
Reiseführer m 260
Reisekrankheit-
stabletten f 109
Reisescheck m 97
Reisetasche f 37
Reiseziel n 213
Reismelde f 130
Reißnagel m 173
Reißverschluss m 277
Reiten n 263
Reiter m 242
Reitgerte f 242
Reithelm m 242
Reithose f 242
Reitsport m 242
Reitstiefel m 242
Reitweg m 263
Rekord m 234
Relieftapete n 83
Renaissance f 301
Rennbahn f 234, 243
Rennboot n 214
Rennbügel m 207
rennen 229
Rennen n 234
Rennfahrer m 249
Rennmaschine f 205
Rennpferd n 243
Rennrad n 206
Rennrodeln n 247
Rennsport m 249
Reparaturkasten m 207
Reporterin f 179
Reptilien f 293
Restaurant n 101, 152

deutsch

Rettungsboot n 214, 240
Rettungsdienst m 94
Rettungsring m 240
Rettungssanitäter m 94
Rettungsschwimmer m 265
Rettungsturm m 265
Return m 231
Revers n 32
Rezept n 45
R-Gespräch n 99
Rhabarber m 127
Rhombus m 164
rhythmische Gymnastik f 235
Richter m 180
Richtungs-angaben f 260
Riemen m 207
Riesenslalom m 247
Rinde f 136, 142, 296
Rindfleisch n 118
Ring m 36
Ringbefestigungen f 89
Ringe f 235
Ringen n 236
Ringfinger m 15
Rinnstein m 299
Rippe f 17
Rippen f 155
Rippenstück n 119
Robbe f 290
Robe f 169
Rochen m 120, 294
Rochenflügel f 120
Rock m 30, 34
Rockbund m 35
Rockkonzert n 258
Rocky Mountains f 312
Rodeo n 243
Roggenbrot n 138
Roggenmehl n 138
roh 124, 129
Rohr m 202
Rohrabschneider m 81
Rohrzange f 81
Rokoko n 301
Rolle f 244, 245, 311
Rollenheft n 254
Roller m 83, 205
Rolle Toilettenpapier f 72
Rollo n 63
Rollstuhl m 48
Rollstuhlzugang m 197
Rolltreppe f 104
Röntgenaufnahme f 48, 50
Röntgenbild n 50
Röntgenschirm m 45
rosa 274
Röschen n 122
rosé 145
Rose f 110
Rosenkohl m 123
Rosenschere f 89
Rosine f 129

Rosinenbrot n 139
Rosmarin m 133
rostfreie Stahl m 79
Rost m 67
rot 39, 145, 274
rotbraun 39
Rote Bete f 125
rote Fleisch n 118
Rote Meer n 313
rote Meerbarbe f 120
roten Bohnen f 131
roten Linsen f 131
Rotfärbung der Augen f 271
Rotorblatt n 211
Rotzunge f 120
Rough n 232
Route f 260
Ruanda 317
Rübe f 124
Rubin m 288
Rücken m 13
Rückenbürste f 73
Rückenflosse f 294
rückenfrei 35
Rückenlehne f 210
Rückenmuskel m 16
Rückenschwimmen n 239
Rückgabedatum n 168
Rückhand f 231
Rücklauf m 269
Rücklicht n 204, 207
Rucksack m 31, 37, 267
Rücksitz m 200
Rückspiegel m 198
Rückstrahler m 207
rückwärts fahren 195
Ruder n 241
Ruderboot n 214
Ruderer m 241
Rudermaschine f 250
rudern 241
Rufknopf m 48
Rugby n 221
Rugbyball n 221
Rugbyspieler m 221
Rugbytrikot n 221
Rührei n 157
rühren 67
Rührschüssel f 69
Rum m 145
Rumänien 316
Rum mit Cola m 151
Rumpf m 210, 214, 240
Rumpfheben n 251
Rumpsteak n 119
Runde f 237
runde Ausschnitt m 33
Rundfunkstation f 179
Rundkorn 130
Rüssel m 291
Russische Föderation f 318
Rutsche f 263
rutschen 229

S

Säbel m 236
säen 90, 183
Safaripark m 262
Safran m 132
Saft m 109, 127
Säfte und Milchshakes m 149
saftig 127
sägen 79
Sahara f 313
Sahne f 137, 140, 157
Sahnetorte f 141
Saint Kitts und Nevis 314
Saint Lucia 314
Saint Vinzent und die Grenadinen 314
Saison- 129
Saite f 230, 258
Saiteninstrumente f 256
Salamander m 294
Salami f 142
Salat m 123, 149
Salatsoße f 158
Salbe f 47, 109
Salbei m 133
salé 143
Salomonen f 319
Salto m 235
Salz n 64, 152
salzig 155
Sambia 317
Samen f 88
Samen m 122, 130
Samenausführungs-gang m 21
Samenbläschen n 21
Samenleiter m 21
Sämling m 91
Samstag m 306
Sand m 85, 264
Sandale f 37
Sandalen f 31
Sandburg f 265
Sandkasten m 263
Sandsack m 237
Sandstein m 288
Sandwich m 155
Sandwichtheke f 143
Sängerin f 191
San Marino 316
São Tomé und Príncipe 317
Saphir m 288
Sardine f 120
Sardinien 316
Satellit m 281
Satellitenschüssel f 269
Satsuma f 126
satt 64
Sattel m 206, 242
Sattelgurt m 242
Sattelstütze f 206
Saturn m 280
Satz m 230
saubere Wäsche f 76
Saubohnen f 131
Saudi-Arabien 318

sauer 127
Sauerteigbrot n 139
Sauger m 75
Säugetiere f 290
Saugglocke f 53, 81
Säuglingspflege f 74
Saugschlauch m 77
Säule f 300
Saum m 34
Sauna f 250
saure Sahne f 137
Saxofon n 257
Scanner m 106, 176
Schablone f 83
Schach m 272
Schachbrett n 272
Schachtel Pralinen f 113
Schädel m 17
Schaf n 185
Schaffarm f 183
Schaffner m 209
Schafmilch f 137
Schal m 31
Schale f 126, 127, 128, 129
schälen 67
Schäler m 68
Schalotte f 125
schalten 207
Schalter m 60, 96, 98, 100
Schalthebel m 201, 207
Schamlippen f 20
scharf 124
Schaschlik m 158
Schattenpflanze f 87
Schauer m 286
Schaufel f 187, 265
Schaukel f 263
Schaum m 148
Schaumbad n 73
Schaumlöffel m 68
Schauspieler f 179
Schauspieler m 254
Schauspielerin f 191, 254
Scheck m 96
Scheckheft n 96
Scheibe f 119, 139
Scheibenbrot n 138
Scheibenputzmittel -behälter m 202
Scheibenschießen n 249
Scheibenwasch anlage f 199
Scheibenwischer m 198
Scheide f 20
Scheidenmuschel f 121
Scheidung f 26
Schein m 97
Scheinwerfer 259
Scheinwerfer m 198, 205
Schellfisch m 120
Schenkel m 119
Schere f 38, 47, 276
Schere m 88

Scheune f 182
Schiebedach n 202
Schiedsricher-ball m 226
Schiedsrichter m 220, 222, 225, 226, 227, 229, 230
Schiefer m 288
Schienbein n 12, 17
Schiene f 47, 208
schießen 223, 227
Schiff n 214
Schiffsschraube f 214
Schild n 104
Schilddrüse f 18
Schildkröte f 293
Schinken m 119, 143, 156
Schlafabteil n 209
Schlafanzug m 30, 33
Schläfe f 14
Schlafen n 74
Schlaflosigkeit f 71
Schlafmatte f 267
Schlafsack m 267
Schlaftablette f 109
Schlafzimmer n 70
Schlag m 233
Schlaganfall m 44
Schläge m 231
schlagen 67, 224, 225, 229
Schläger m 224
Schlägerspiele f 231
Schlagfehler m 228
Schlagholz n 225
Schlaginstrumente f 257
Schlagmal n 228
Schlagmann m 225, 228
Schlagsahne f 137
Schlagzeug n 258
Schlagzeuger m 258
Schlange f 293
Schlauch m 95, 207
Schlauchboot n 215
Schlauchwagen m 89
Schlegel m 275
Schleier m 35
Schleierkraut n 110
Schleifmaschine f 78
Schleppdampfer m 215
Schleppe f 35
schleudern 76
Schleudertrauma m 46
Schließfächer f 239
Schlinge f 46
Schlittenfahren n 247
Schlittschuh m 224, 247
Schlittschuh laufen 224
Schloss n 59
Schlot m 283
Schlucht f 284
Schluff m 85
Schlüssel m 59, 80, 207
Schlüsselbein n 17
Schlüsselblume f 297
Schmerzmittel n 109
Schmerz tabletten f 47

deutsch

deutsch

englisches register • English index

english

english

english

english

english

english

english

english

english

english

english

Dank • acknowledgments

DORLING KINDERSLEY would like to thank Sanjay Chauhan, Jomin Johny, Christine Lacey, Mahua Mandal, Tracey Miles, and Sonakshi Singh for design assistance, Georgina Garner for editorial and administrative help, Polly Boyd, Sonia Gavira, Nandini Gupta, Tina Jindal, Nishtha Kapil, Smita Mathur, Antara Moitra, Cathy Meeus, Isha Sharma, Nisha Shaw, and Janashree Singha for editorial help, Claire Bowers for compiling the DK picture credits, Nishwan Rasool for picture research, and Suruchi Bhatia, Maasoom Dhillon, and William Jones for app development and creation.

The publisher would like to thank the following for their kind permission to reproduce their photographs:
Abbreviations key: (a-above; b-below/bottom; c-centre; f-far; l-left; r-right; t-top)

123RF.com: Andrey Popov / andreypopov 23bc; Andriy Popov 34tl; Brad Wynnyk 172bc; Daniel Ernst 179tc; Hongqi Zhang 24cla. 175cr; Ingvar Bjork 60c; Kobby Dagan 259c; leonardo255 269c; Liubov Vadimovna (Luba) Nel 39cla; Ljupco Smokovski 75cb; Oleksandr Marynchenko 60bl; Olga Popova 33c; oneblink 49bc; Robert Churchill 94c; Roman Gorielov 33bc; Ruslan Kudrin 35bc, 35br; Subbotina 39cra; Sutichak Yachaingkham 39tc; Tarzhanova 37tc; Vitaly Valua 39tl; Wavebreak Media Ltd 188bl; Wilawan Khasawong 75cb; **Action Plus:** 224bc; **Alamy Images:** 154t; A.T. Willett 287bcl; Alex Segre 105ca, 195cl; Ambrophoto 24cra; Blend Images 168cr; Cultura RM 33r; Doug Houghton 107fbr; Hugh Threlfall 35tl; 176tr; Ian Allenden 48br; Ian Dagnall 270t; Ievgen Chepil 250bc; imagebroker 199tl, 249c; keith morris 178c; Martyn Evans 210b; MBI 175tl; Michael Burrell 213ca; Michael Foyle 184bl; Oleksiy Maksymenko 105tc; Paul Weston 168br; Prisma Bildagentur AG 246b; Radharc Images 197tr; RBtravel 112tl; Ruslan Kudrin 176tl; Sasa Huzjak 258t; Sergey Kravchenko 37ca; Sergio Azenha 270bc; Stanca Sanda (iPad is a trademark of Apple Inc., registered in the U.S. and other countries) 176bc; Stock Connection 287bcr; tarczas 35cr; vitaly suprun 176cl; Wavebreak Media ltd 39cl, 174b, 175tr; **Allsport/Getty Images:** 238cl; **Alvey and Towers:** 209 acr, 215bcl, 215bcr, 241cr; **Peter Anderson:** 188cbr, 271br. **Anthony Blake Photo Library:** Charlie Stebbings 114cl; John Sims 114tcl; **Andyalte:** 98tl; **Arcaid:** John Edward Linden 301bl; Martine Hamilton Knight, Architects: Chapman Taylor Partners, 213cl; Richard Bryant 301br; **Argos:** 41tcl, 66cbl, 66cl, 66br, 66bcl, 69cl, 70bcl, 71t, 77tl, 269tc, 270tl; **Axiom:** Eitan Simanor 105bcr; Ian Cumming 104t; Vicki Couchman 148cr; **Beken Of Cowes Ltd:** 215cbc; **Bosch:** 76tcr, 76tc, 76tcl; **Camera Press:** 38tr, 256t, 257cr; Barry J. Holmes 148tr; Jane Hanger 159cr; Mary Germanou 259bc; **Corbis:** 78b; Anna Clopet 247tr; Ariel Skelley / Blend Images 52l; Bettmann 181tl, 181cr;

Blue Jean Images 48bl; Bo Zauders 156t; Bob Rowan 152bl; Bob Winsett 247cbl; Brian Bailey 247br; Chris Rainer 247ctl; Craig Aurness 215bl; David H.Wells 249cr; Dennis Marsico 274bl; Dimitri Lundt 236bc; Duomo 211tl; Gail Mooney 277ccr; George Lepp 248c; Gerald Nowak 239b; Gunter Marx 248cr; Jack Hollingsworth 231bl; Jacqui Hurst 277cbr; James L. Amos 247bl, 191ctr, 220bcr; Jan Butchofsky 277cbc; Johnathan Blair 243cr; Jose F. Poblete 191br; Jose Luis Pelaez.Inc 153tc; Karl Weatherly 220bl, 247tcr; Kelly Mooney Photography 259tl; Kevin Fleming 249bc; Kevin R. Morris 105tr, 243tl, 243tc; Kim Sayer 249tccr; Lynn Goldsmith 258t; Macduff Everton 231bcl; Mark Gibson 249bl; Mark L. Stephenson 249tcl; Michael Pole 115tr; Michael S. Yamashita 247cctcl; Mike King 247cbl; Neil Rabinowitz 214br; Pablo Corral 115bc; Paul A. Sounders 169br, 249ctcl; Paul J. Sutton 224c, 224br; Phil Schermeister 227b, 248tr; R. W Jones 309; Richard Morrell 189bc; Rick Doyle 241ctr; Robert Holmes 97br, 277ctc; Roger Ressmeyer 169tr; Russ Schleipman 229; The Purcell Team 211ctr; Vince Streano 194t; Wally McNamee 220br, 220bcl, 224bl; Wavebreak Media LTD 191bc; Yann Arhus-Bertrand 249tl; **Demetrio Carrasco / Dorling Kindersley (c) Herge / Les Editions Casterman:** 112ccl; **Dorling Kindersley:** Banbury Museum 35c; Five Napkin Burger 152t; **Dixons:** 270cl, 270cr, 270bl, 270bcl, 270bcr, 270ccr; **Dreamstime.com:** Alexander Podshivalov 179tr, 191cr; Alexxl66 268tl; Andersastphoto 176tc; Andrey Popov 191bl; Arne9001 190tl; Chaoss 26c; Designsstock 269cl; Monkey Business Images 26clb; Paul Michael Hughes 162tr; Serghei Starus 190bc; **Education Photos:** John Walmsley 26tl; **Empics Ltd:** Adam Day 236br; Andy Heading 243c; Steve White 249cbc; **Getty Images:** 48bcl, 100t, 114bcr, 154bl, 287tr; 94tr; George Doyle & Ciaran Griffin 22cr; David Leahy 162tl; Don Farrall / Digital Vision 176c; Ethan Miller 270bl; Inti St Clair 179bl; Liam Norris 188br; Sean Justice / Digital Vision 24br; **Dennis Gilbert:** 106tc; **Hulsta:** 70t; **Ideal Standard Ltd:** 72r; **The Image Bank/Getty Images:** 58; **Impact Photos:** Eliza Armstrong 115cr; Philip Achache 246t; **The Interior Archive:** Henry Wilson, Alfie's Market 114bl; Luke White, Architect: David Mikhail, 59tl; Simon Upton, Architect: Phillippe Starck, St Martins Lane Hotel 100bcr, 100br; **iStockphoto.com:** asterix0597 163tl; EdStock 190br; RichLegg 26bc; SorinVidis 27cr; **Jason Hawkes Aerial Photography:** 216t; **Dan Johnson:** 35r; **Kos Pictures Source:** 215cbl, 240tc, 240tr; David Williams 216b; **Lebrecht Collection:** Kate Mount 169bc; **MP Visual.com:** Mark Swallow 202t; **NASA:** 280cr, 280ccl, 281tl; **P&O Princess Cruises:** 214bl; **P A Photos:** 181br; **The Photographers' Library:** 186bl, 186bc, 186t; **Plain and Simple Kitchens:** 66t; **Powerstock Photolibrary:** 169tl,

256t, 287tc; **PunchStock:** Image Source 195tr; **Rail Images:** 208c, 208 cbl, 209br; **Red Consultancy:** Odeon cinemas 257br; **Redferns:** 259br; Nigel Crane 259c; **Rex Features:** 106br, 259tc, 259tr, 259bl, 280b; Charles Ommaney 114tcr; J.F.F Whitehead 243cl; Patrick Barth 101tl; Patrick Frilet 189cbl; Scott Wiseman 287bl; **Royalty Free Images:** Getty Images/Eyewire 154bl; **Science & Society Picture Library:** Science Museum 202b; **Science Photo Library:** IBM Research 190cla; NASA 281cr; **SuperStock:** Ingram Publishing 62; Juanma Aparicio / age fotostock 172t; Nordic Photos 269tl; **Skyscan:** 168t, 182c, 298; Quick UK Ltd 212; **Sony:** 268bc; **Robert Streeter:** 154br; **Neil Sutherland:** 82tr, 83tl, 90t, 118, 188ctr, 196tl, 196tr, 299cl, 299bl; **The Travel Library:** Stuart Black 264t; **Travelex:** 97cl; **Vauxhall:** Technik 198t, 199tl, 199tr, 199cr, 199ctcl, 199ctcr, 199ttcl, 199ttcr, 200; **View Pictures:** Dennis Gilbert, Architects: ACDP Consulting, 106t; Dennis Gilbert, Chris Wilkinson Architects, 209tr; Peter Cook, Architects: Nicholas Crimshaw and partners, 208t; **Betty Walton:** 185br; **Colin Walton:** 2, 4, 7, 9, 10, 28, 42, 56, 92, 95c, 99tl, 99tcl, 102, 116, 120t, 138t, 146, 150t, 160, 170, 191cctl, 192, 218, 252, 260bcr, 260l, 261tr, 261c, 261cr, 271cbl, 271cbr, 271ctl, 278, 287br, 302, 401.

DK PICTURE LIBRARY:
Akhil Bahkshi; Patrick Baldwin; Geoff Brightling; British Museum; John Bulmer; Andrew Butler; Joe Cornish; Brian Cosgrove; Andy Crawford and Kit Hougton; Philip Dowell; Alistair Duncan; Gables; Bob Gathany; Norman Hollands; Kew Gardens; Peter James Kindersley; Vladimir Kozlik; Sam Lloyd; London Northern Bus Company Ltd; Tracy Morgan; David Murray and Jules Selmes; Musée Vivant du Cheval, France; Museum of Broadcast Communications; Museum of Natural History; NASA; National History Museum; Norfolk Rural Life Museum; Stephen Oliver; RNLI; Royal Ballet School; Guy Ryecart; Science Museum; Neil Setchfield; Ross Simms and the Winchcombe Folk Police Museum; Singapore Symphony Orchestra; Smart Museum of Art; Tony Souter; Erik Svensson and Jeppe Wikstrom; Sam Tree of Keygrove Marketing Ltd; Barrie Watts; Alan Williams; Jerry Young.

Additional photography by Colin Walton.

Colin Walton would like to thank:
A&A News, Uckfield; Abbey Music, Tunbridge Wells; Arena Mens Clothing, Tunbridge Wells; Burrells of Tunbridge Wells; Gary at Di Marco's; Jeremy's Home Store, Tunbridge Wells; Noakes of Tunbridge Wells; Ottakar's, Tunbridge Wells; Selby's of Uckfield; Sevenoaks Sound and Vision; Westfield, Royal Victoria Place, Tunbridge Wells.

All other images © Dorling Kindersley
For further information see: www.dkimages.com

deutsch • english